SOUVENIRS

DE PARIS.

SOUVENIRS DE PARIS,

EN 1804,

Par Auguste KOTZEBUE;

Traduits de l'Allemand, sur la deuxième Édition;

AVEC DES NOTES.

———

TOME PREMIER.

A PARIS,

Chez BARBA, Libraire, Palais du Tribunat, Galerie
derrière le Théâtre-Français, n° 51.

IMPRIMERIE DE CHAIGNIEAU AÎNÉ.

An XIII. (1805.)

PRÉFACE
DE L'AUTEUR.

Mes réflexions n'ont d'autre mérite que d'avoir été faites par moi. J'ai écrit ce que j'ai vu, sans imiter personne; j'ai pu me tromper dans mes jugemens; mais j'ai toujours jugé d'après ma conviction intime. Si quelqu'un me reprochait d'avoir prodigué la louange (1), je lui répondrais que la censure en a pourtant agi d'une manière impitoyable envers moi, et que cela n'a pu corrompre

(1) Soyez tranquille; je ne crois pas que personne en soit tenté.

mon jugement. Je n'ai pas écrit un mot qui ne fût entièrement conforme à la vérité : cependant j'ai écrit beaucoup de choses que le lecteur ne trouvera point ici.

Je me bornerai à ceci, et n'en dirai pas davantage, jusqu'à ce que le flux et le reflux du temps aient changé les formes, et qu'on ne coure plus risque d'être écrasé par un météore qui vous laisse tomber des pierres sur la tête (1).

A. KOTZEBUE.

---

(1) *Fiat lux !*

DEUX MOTS A M. KOTZEBUE,

PAR LE TRADUCTEUR,

EN MANIÈRE DE DÉDICACE.

MONSIEUR,

Qui bene amat, bene castigat, (qui aime bien, châtie bien) dit un ancien proverbe latin, que sans doute vous connaissez tout aussi bien que moi.

C'est d'après cette vérité reconnue de temps immémorial, que j'ai cru, malgré l'usage constant qui veut qu'un traducteur soit l'admirateur servile de celui dont il transporte l'ouvrage dans sa langue, devoir ajouter des notes à ma traduction, à mesure qu'un passage de votre livre m'en a fourni l'occasion, ou que j'ai

a

trouvé des erreurs à réfuter (1), et vous adresser ensuite mon travail pour que vous en fassiez votre profit, si la chose est possible.

Je vous fais donc hommage des *Souvenirs de Paris* traduits en français ; certe c'est un cadeau bien mince, mais j'aurai rempli mon but, si les notes dont je les ai augmentés vous font faire quelques réflexions sur votre conduite envers nous, et si sur-tout elles détruisent, ou atténuent du moins, la mauvaise impression que vos critiques inconsidérées et indécentes ont pu produire sur quelques esprits faibles, sur ces hommes qui croient aveuglément et sans restriction tout ce qu'on leur dit, parce qu'ils sont hors d'état d'avoir une opinion à eux.

Vous avez cru paraître original et piquant en déchirant une nation

---

(1) Cependant si j'avais voulu les réfuter toutes, j'aurais fait un ouvrage trois fois plus volumineux que le vôtre.

à laquelle vous n'avez que des graces à rendre, en calomniant sans pudeur un sexe aimable qui n'a d'autres armes que sa faiblesse à vous opposer; et moi, monsieur, en qualité de Français, et, comme tel, de chevalier des dames, j'ai cru de mon honneur et de mon devoir de défendre ma nation et le beau sexe contre vos assertions mensongères et vos inculpations calomnieuses.

Je sais qu'en pareil cas l'arme de la plaisanterie, qui lui est si familière, est la seule que devrait employer un Français; mais je l'avoue, il ne m'a pas toujours été possible de me contenir; et si j'ai mis quelquefois trop d'énergie dans mes réponses, c'est que j'y ai été porté par un élan irrésistible, par le sentiment d'indignation que m'a inspiré votre ingratitude profonde et réfléchie.

C'est parce que j'ai reconnu

quelque mérite dans vos ouvrages, parce que j'y ai trouvé, à travers les inconvenances, les invraisemblances, les irrégularités, les niaiseries, le verbiage et le fatras dont ils sont remplis, quelques belles scènes éparses, souvent des traits heureux dans le dialogue, et parfois des caractères assez bien tracés; enfin parce que vous êtes en état de faire beaucoup mieux, et que l'on avait droit d'attendre tout autre chose de votre esprit; que vos *Souvenirs* doîvent être jugés plus sévèrement, à moins que vous ne les ayez écrits d'après votre cœur, ce qui serait bien pis encore, et bien plus fâcheux pour vous; car alors cela serait impardonnable.

Après avoir jugé l'intention qui se manifeste à chaque page de votre livre, et qu'il n'est pas permis de croire innocente, malgré toute la complaisance possible, je dois aussi vous dire un mot sur l'exécution.

Pour votre honneur, on doit supposer que vous n'avez pas relu les trois quarts des chapitres qui composent cet ouvrage; d'abord, parce qu'on y rencontre à tout moment des contradictions et des inconséquences, ensuite parce que le style est infiniment plus négligé que je ne l'ai vu dans aucune de vos productions; il est presque toujours lâche et décousu; la répétition des mêmes mots y revient d'une manière fatigante, et jusqu'à satiété; on y trouve beaucoup de phrases obscures et entortillées; vous y avez prodigué les comparaisons, et le choix en est rarement heureux; enfin, vous vous êtes abandonné à des détails si puérils et d'un intérêt si mince, que j'ai dû en supprimer une partie, ainsi que beaucoup des comparaisons et des répétitions dont je viens de parler ; mais malgré ma bonne volonté et le desir que j'avais de vous corriger, pour vous mettre en état de paraître décemment aux yeux de ma nation, je n'en ai pas eu le temps, car j'aurais eu trop à faire ; ainsi vous devez être assuré que vos *Souvenirs* seront placés, par les hommes de lettres et les gens de goût, au-dessous de tout ce que vous avez fait, tant pour le style que pour la composition.

On dit, monsieur, que vous vous proposez de visiter successivement toutes les nations de l'Europe ; en ce cas, je vous conseille, en ami, de changer d'esprit ; car si celui qui a dicté vos observations sur la France vous accompagne dans vos autres voyages, je crains que vous ne soyez arrêté dans votre course rapide, et que vous ne trouviez en route quelque bon citadin, un peu brusque peut-être, qui, instruit par l'expérience et par vos *Souvenirs*, ne vous force à rebrousser chemin, et à borner désormais vos voyages à ceux que vous faites faire si lestement aux personnages de vos drames.

Prenez-y garde, monsieur Kotzebue; vous paraissez très-amplement pourvu de ces petites passions qui constituent essentiellement la faiblesse humaine; les péchés capitaux paraissent sur-tout être chez vous en majorité absolue, et ce sont des compagnons de voyage souvent fort désagréables quand on visite des nations étrangères, qui toutes ne se piquent pas d'une aussi grande douceur, d'une politesse aussi recherchée, que les Français, et sur-tout les Parisiens.

Permettez qu'à cette occasion, et pour l'instruction des peuples que vous daignerez honorer, à l'avenir, de votre présence, je trace ici l'abrégé de votre conduite envers la France.

En 1790, après la mort de votre première femme, vous vîntes passer quelque temps à Paris pour y calmer vos premières douleurs ; à cette époque, on ne connaissait pas encore vos chefs-d'œuvre, et l'on ne fit pas attention à vous. Cependant, pour avoir paru sur un théâtre de société à Rével, pour avoir joué quelques rôles accessoires dans vos drames, et avoir fait verser quelques larmes aux Esthoniennes, vous vous croyiez déja un grand homme, et votre orgueil fut piqué de notre indifférence.

De retour en Allemagne, vous publiàtes un ouvrage intitulé *Ma Fuite à Paris*, dans lequel vous critiquàtes, sans ménagement et sans pudeur, nos mœurs, nos institu-

tions, nos usages, nos habitudes,
nos goûts, etc.; et dans lequel (tant
l'orgueil est aveugle et injuste)
vous allâtes jusqu'à dire du mal de
la cuisine française, que vous trou-
vez si supérieure aujourd'hui.

On vous pardonna cette bou-
tade, et pour s'en venger avec la
générosité qui distingue ma nation, on traduisit quelques-unes
de vos pièces, jusqu'alors ignorées; des auteurs français daignè-
rent y mettre la main, et les approprier à notre scène; et, graces à
eux, vous eûtes bientôt en France
une réputation infiniment supérieure et préférable, sous tous les
rapports, à celle dont vous jouis-
siez dans votre pays. Ainsi c'est à
ceux que vous avez impitoyablement déchirés que vous êtes rede-
vable de l'espèce de célébrité attachée à votre nom; car il est incontestable que la langue française est
la plus universellement répandue

dans l'Europe littéraire et savante.

Enhardi par notre conduite noble et délicate, et convaincu que vous n'aviez rien à redouter de notre ressentiment, vous ôsâtes revenir à Paris en 1803. A peine avez vous instruit le public de votre arrivée, par la voie des journaux, que l'on s'empresse autour de vous; le chef de l'état vous accueille avec bonté; nos premiers magistrats vous admettent à leur table; les savans, les hommes de lettres, les artistes, se disputent le plaisir de vous recevoir et de vous fêter; par-tout on vous fait l'accueil le plus obligeant, le plus aimable, le plus distingué; en un mot, on épuise envers vous tout ce que la politesse et l'urbanité françaises peuvent imaginer de soins, d'attention, de prévenances et d'égards; et vous recevez tout cela avec la dignité que vous inspire le sentiment de votre mérite supérieur.

Il était naturel de penser que, rendant enfin un hommage sincère à la vérité, vous saisiriez avidement l'occasion de réparer vos torts, et que les Français et surtout les Françaises, n'auraient qu'à se louer du compte que vous rendriez de votre dernier séjour dans notre capitale. Mais c'était vous connaître bien mal que de vous croire capable d'en agir avec reconnaissance ; vous avez préféré vous montrer ingrat, injuste et infidèle ; vous avez poussé la prévention et l'animosité jusqu'à dénigrer (et cela parce que nous les possédons) des chefs-d'œuvre dont la célébrité est incontestée depuis des siècles ; enfin vous nous avez rendu au centuple le mal pour le bien que nous vous avons fait, si toutefois il est possible que votre opinion et votre livre aient quelque poids sur l'esprit des hommes raisonnables et impartiaux.

Je doute qu'avec un pareil caractère vous vous fassiez beaucoup d'amis, et je crois que cette petite circonstance, quand elle sera connue, diminuera quelque chose de l'accueil que l'on pourrait être disposé à vous faire dans les pays que vous parcourrez désormais.

Heureusement tous les étrangers ne pensent et sur-tout n'agissent pas comme vous; j'aime à croire même qu'ils blâment votre conduite, et désapprouvent vos écrits; car, ainsi que l'a dit dernièrement un de nos critiques : « Si c'était un parti pris, parmi les « voyageurs allemands ou autres, « de répéter à l'Europe, pour « nous ridiculiser à ses yeux, ce « qu'on leur dit à Paris dans des « momens d'abandon, et ce qu'ils « ne peuvent y observer qu'à la « faveur de la confiance qu'on « leur témoigne, ils s'exposeraient

« à une alternative fàcheuse, ou
« l'on serait avec eux dans une
« réserve continuelle, ou, ce qui
« serait pis encore, on leur ten-
« drait des pièges, et on emploie-
« rait contre eux certaines armes
« dont les étrangers les plus rusés
« auraient de la peine à se garantir;
« c'est ce qu'on appelle la *mystifi-*
« *cation.* »

Ce n'est pas ainsi qu'en use un célébre romancier votre compatriote, Auguste Lafontaine, dont madame Isabelle de Montolieu a transporté les plus intéressantes productions dans notre langue.

Cet auteur, aussi modeste que distingué, a, par une lettre des plus gracieuses, témoigné à son aimable traducteur toute la reconnaissance dont il est pénétré; il le remercie, dans les termes les plus flatteurs et les plus obligeans, d'avoir jugé ses ouvrages dignes d'être traduits en français, et sur-tout de les avoir embellis par son style à-la-fois simple et facile, naturel et élégant.

Mais à quoi bon ces exemples ? On pourrait en citer mille de reconnaissance, et pas un peut-être d'ingratitude aussi profonde, de mauvaise foi aussi réfléchie, que celui que nous offrent les *Souvenirs* de M. Kotzebue. Puisse-t-il ne les oublier jamais... pour n'en avoir plus de semblables !

SOUVENIRS

DE

PARIS.

CHAPITRE PREMIER.

Remarques faites en courant, et qui serviront d'introduction.

On a souvent comparé la vie à un voyage; cette comparaison n'est pas plus juste que les autres. En effet, quelle différence entre la vie et un voyage ! Quels avantages sont en faveur du dernier ! Le voyageur a son but en partant; il fixe l'époque de son départ; il sait d'avance quelle route il doit suivre, et le temps qu'il mettra à la parcourir. On ne demande pas à l'homme s'il veut naître, et pourquoi il le veut. Si ces questions pouvaient lui être adressées

avant son entrée dans le monde, il ré-
pondrait presque toujours négativement
à la première; quant à la seconde, qui
pourrait le mettre à même d'asseoir une
opinion, et de prononcer avec connaissance de cause?

Le voyageur a cet avantage sur
l'homme, qu'avant de se mettre en
route il commence par recevoir les
adieux de tous ceux qui lui sont chers,
et qu'à son retour le plaisir de les revoir
lui fait oublier ses fatigues, et le dédommage amplement de tout ce qu'il a souffert; au contraire, à chaque pas qu'il
fait, l'homme approche du moment où
il recevra les derniers complimens de
ses amis; mais ce n'est plus qu'en espérance et dans un avenir éloigné et incer-
tain qu'il peut se flatter de les revoir.
Ainsi l'on retrouve à la fin du voyage
ce que l'on perd à la fin de la vie!

Le voyageur égaré, ou forcé par l'o-
rage de chercher un abri, le trouve sous
un arbre touffu, dans une auberge, ou
sous un toit hospitalier; il n'en est pas

de même du pélerin qui fait le voyage
de la vie : il lui faut s'exposer à toutes
les tempêtes, et bien souvent il y suc-
combe. Dans l'entretien aimable d'un
compagnon joyeux, le voyageur cherche
et trouve un délassement agréable; mais
jusque dans les bras de celle qu'il s'est
associée, l'homme ne peut se livrer avec
sécurité au plaisir; car dans le moment
même où l'épouse la plus aimante, la
fille la plus chère, l'ami le plus tendre,
le pressent contre leur sein, on le voit
subitement s'éteindre, et tomber comme
un épi sous la faucille du moissonneur.

L'homme en proie à l'ennui, aux
noirs chagrins, éprouve du moins quelque soulagement à voyager. Pour éloigner de son cœur les souvenirs déchi-
rans qui le tourmentent, il doit chercher
d'autres montagnes, d'autres vallées, que
celles qu'il a parcourues jusqu'alors ;
mais sur-tout des visages nouveaux qui
ne le connaissent pas, et ne puissent pas
deviner ce qui se passe dans son ame.
Celui dont l'habitation vient d'être brûlée

serait regardé comme un fou s'il restait après ce malheur devant les ruines
fumantes de sa maison en cendres, pour
les contempler et se repaître d'un spectacle qui ne pourrait qu'augmenter sa
douleur, sans y apporter aucun remède.
Béni soit mon sort! je pars et m'éloigne,
pour un temps, de ce que j'ai perdu.

Postdam.

Quel tumulte! quel mouvement dans
l'habitation jadis si tranquille du meilleur des rois! Les rues sont remplies d'u-
niformes de toutes couleurs; des étrangers accourent en grand nombre et de
tous les pays pour voir ce magnifique
spectacle; le tambour bat, l'airain gronde,
et les petites sonnettes du *croissant* (1)
viennent se mêler à ce bruit formidable.
Les portes ne sont pas assez grandes
pour contenir la foule innombrable des

______

(1) Instrument qu'on a rapporté d'Egypte, et qui est
maintenant employé dans la musique de tous les corps
militaires, sous la dénomination de *croissant*, ou *pavillon
chinois*.

curieux. Là un éperon accroche la robe d'une femme élégamment parée, et la déchire ; ici c'est un cheval qui repose sa tête sur les épaules éblouissantes d'une belle à demi-nue ; l'un reçoit un coup de pied, l'autre est effleuré par une roue ; on s'agite, on se presse, on avance, on recule, jusqu'à ce qu'enfin cette nuée s'éclaircisse au sortir des portes, et se répande comme un torrent qui rompt sa digue, s'échappe, et couvre en un instant toute la campagne.

Des milliers de spectateurs attentifs dévorent des yeux les colonnes qui s'avancent et se déploient ; chacun voudrait rapprocher la distance qui le sépare encore de la ligne immense le long de laquelle il voit flotter des étendards, et courir, comme sur les ailes du vent, une foule de cavaliers.

Un murmure joyeux annonce l'arrivée du roi ; d'un seul mot il met en mouvement ce colosse formidable ; une seule ame semble animer tous les soldats qui le composent. Mais, ma chère amie,

ce spectacle des manœuvres d'automne
était trop bruyant, trop animé pour mon
cœur. Malgré la joie universelle, il jeta
sur moi une teinte de tristesse, et ce ne
fut qu'au milieu des sables profonds qui
entourent Potsdam, et qui sont environnés de sombres forêts, que je pus
soupirer librement.

Entre Wittemberg et Duben.

A-t-il jamais passé un voyeur par
ces contrées sans qu'il ait amplement
pesté et juré après les grandes routes de
la Saxe? Est-il un individu, en Allemagne ou ailleurs, aux oreilles de qui
ces plaintes innombrables ne soient pas
parvenues? Si nous étions en Chine, où
l'on ne souffre les étrangers qu'avec
peine, on ne serait pas surpris de trouver des communications aussi difficiles;
mais qu'à Leipsick, où se tiennent trois
foires par années, les commerçans ne
puissent conduire leurs marchandises
qu'à travers des chemins impraticables,

lorsque les impôts de toute espèce sur-
chargent le peuple et remplissent les
caisses publiques ; c'est une chose fort
étonnante, que mon postillon de Wittemberg m'a expliquée d'une manière bien
plaisante. — Oui, me dit-il en mettant
un morceau d'amadou allumé sur sa
pipe, et en couvrant ses plaintes amères
d'un épais nuage de fumée ; si ces chemins sont mauvais, c'est que l'électeur
est catholique. Le prince de Dessaw, qui
est luthérien, les aurait fait réparer depuis long-temps, etc. — Ce n'est pas là
que j'aurais cherché la raison pour laquelle les routes sont aussi mauvaises
en Saxe. J'en ris d'abord ; mais je sou-
pirai ensuite, de trouver un luthérien
aussi intolérant.

Encore un souvenir de la forêt qui
est entre Wittemberg et Duben : on y
lit, sur un poteau, une inscription qui
défend aux émigrans wittembergeois
de faire aucun dommage dans les forêts
du pays. Pourquoi fait-on cette défense
à ces pauvres gens ? Je ne m'arrête point

à cela ; mais ce qui mérite quelque attention de la part du souverain, c'est que l'on soit obligé de faire des ordonnances particulières pour les personnes qui abandonnent le pays qu'il gouverne.

Entre Erfort et Gotha.

Quelle différence ! quel plaisir on éprouve à parcourir ces routes parfaitement entretenues ! Ici toutes les malédictions que le voyageur a répandues en traversant la Saxe se changent en bénédictions sur le duc de Gotha : à la vérité, les droits de passe sont chers, mais on les paie volontiers. La seule incommodité que j'y trouve, c'est qu'il faut payer trop souvent, et qu'il est fort déplaisant d'être arrêté à chaque instant sur la route. Une coutume louable, qui n'existait jadis que dans le sud de l'Allemagne, a été récemment introduite dans les états du duc de Gotha : la route est bordée des deux côtés par des arbres fruitiers ; désormais le piéton fatigué ou altéré trouvera sous leur ombrage de quoi se reposer et se rafraîchir ; certe, c'est là un monument plus utile et plus honorable pour un prince , qu'un jardin chinois ou une maison de plaisance. A cette occasion, il faut que je fasse part au lecteur d'une idée qui m'est venue très-souvent ; sans doute la culture des arbres à fruit mérite la plus grande attention de la part des gouvernemens , en ce qu'elle contribue d'une manière utile à la nourriture et à l'aisance du paysan, et qu'elle peut souvent le garantir de la disette. Mais l'entretien des arbres fruitiers isolés et placés sur les routes ne s'accommode point assez avec l'intérêt des préposés, pour espérer qu'ils y apportent un grand soin; de là vient que l'on voit périr des milliers de jeunes arbres , par suite des dégâts que l'on y fait. Pourquoi n'obligerait - on pas le paysan à planter un arbre fruitier sur la route chaque fois qu'il lui naîtrait un enfant? cet arbre serait sa propriété, au moyen d'un numéro ; mais il serait

1.*

tenu de le cultiver, et de les remplacer
quand il viendrait à mourir. Combien
peu cela coûterait d'argent et de peines,
en comparaison de l'avantage incalcu-
lable qui en résulterait pour le pays
où cet usage serait établi ! chaque province deviendrait bientôt un vaste jardin qui servirait de calendrier aux
habitans ; car chaque arbre aurait
son ami, son protecteur, qui prendrait
soin de l'élever. Outre son utilité, cette
idée présente aussi quelque chose de
riant et d'agréable, que n'offrent pas
toujours celles qui émanent des gouvernemens.

Gotha.

L'institution du brave Salzmann, à
Schnepfenthal, est plus florissante que
jamais, et les fleurs qu'il cultive donnent du fruit par tout le pays. Je n'oserais pas dire autant de bien des pensions
de jeunes demoiselles dont Gotha fourmille. Leurs institutrices sont moitié

allemandes, moitié françaises. On y élève de la même manière les demoiselles nobles et celles qui ne le sont pas : ce que je regarde comme un grand tort, et un vice capital de ces sortes d'établissemens. Naturellement le cœur des jeunes personnes est prompt et facile à s'attacher ; la petite comtesse ne s'informe pas si le père de l'amie qu'elle préfère n'est qu'un simple secrétaire ; mais quand elle devient grande, elle ne pense plus de même, ou du moins elle se voit dans le cas de former d'autres liaisons, qui la forcent à s'éloigner des compagnes de sa jeunesse : ce qui fait nécessairement du mal à celles-ci, et les rend malheureuses. D'un autre côté, celle qui est destinée à conduire le petit ménage d'un greffier ou d'un syndic, et qui sort du cercle brillant où elle passait sa vie dans les bras d'une comtesse ou d'une baronne, se trouve humiliée quand son mari s'incline respectueusement devant le carrosse de celle qui, naguère, fut sa meilleure amie, et qu'elle regarda long-temps comme son égale (1).

Il faut plus de force qu'on n'en suppose ordinairement aux femmes, pour supporter sans plaintes et sans murmures un aussi grand changement. Aussi, quand elles ne se marient pas en sortant de leur pension, la maison de leurs parens ne leur paraît plus ce qu'elle était autrefois, elle leur devient même insupportable. Bref, ces pensions mêlées me paraissent très-propres à développer ce vice qui se trouve plus généralement chez les femmes que chez les hommes : je veux dire l'*envie* (2).

---

(1) Ces *réflexions* sont parfaitement justes, et l'on ne pourrait donner que des éloges à l'ouvrage de M. Kotzebue, si toutes celles qu'il a faites étaient dirigées vers un but aussi moral et aussi utile. Tout ce qu'il dit sur l'inconvénient des pensions et de l'éducation qu'on y donne indistinctement à toutes les élèves serait susceptible de très-grands développemens. Dans combien de ménages ces idées de fortune et de grandeur, imprudemment jetées dans la tête des jeunes personnes, ne les ont-elles pas insensiblement entraînées dans des écarts funestes!

(2) *L'envie* n'est pas le mot, mais bien *la vanité*, si naturelle dans un sexe à qui nous inspirons, presque en naissant, le désir de plaire.

Francfort sur le Mein.

On ne s'attend pas , sans doute, que je ferai ici la description exacte et pompeuse de cet antique bâtiment qu'habite ordinairement chaque empereur qui vient se faire couronner, ou celle de la *Bulle d'or*, ou de la *Pantouffle de Charlemagne*. Dans ce bâtiment, qu'on nomme *Roemer*, on voit dans de petites niches le portrait de tous les empereurs qui se sont fait couronner à Francfort depuis la fondation du saint empire romain; mais quelque étroites que soient ces niches (dans lesquelles chaque empereur n'a réellement pas plus de place qu'un soldat dans sa guérite), il n'en reste plus, et je ne sais pas comment pourrait y figurer un nouvel empereur : c'est sans doute cette circonstance qui a fait dire au fanfaron Custine, que l'empereur actuel serait le dernier. Depuis cette époque, les Français ont rétabli la Divinité dans ses droits, peut-être chan-

geront-ils d'avis sur les empereurs d'Allemagne.

Le dôme de l'église renferme quelques
beaux tableaux, mais aucuns de supé-
rieurs; car s'il y en avait eu, les Français,
si grands admirateurs des arts (1), les
auraient emportés.

Je ne parlerai pas du théâtre de
Francfort (2); la nomination de M. de
Meyer, auteur estimé d'un poëme connu,
Tobie, à la place d'administrateur de
ce théâtre, avait fait concevoir les plus
grandes espérances sur son amélioration;
mais il ne peut, sans le consentement du
comité, engager de nouveaux acteurs, ni
en renvoyer de mauvais, ce qui est un vice
essentiel dans la nouvelle organisation.

---

(1) On verra plus loin, par la manière dont M. Kotzebue juge la nation française, que ce qu'il dit ici est
dérisoire. Cependant il aurait dû se convaincre, à chaque
pas qu'il a fait dans la capitale, que le Français est en
effet l'amateur le plus éclairé des arts, et l'admirateur le
plus ardent de tout ce qui est beau.

(2) Sans doute parce qu'on n'y joue pas les ouvrages
de M. Kotzebue, et que dès-lors cela ne mérite pas de
sa part la moindre attention.

Le grand nombre de négocians que le commerce attire à Francfort y trouve un point de réunion plus commode et plus agréable qu'à Leipsick, où les étrangers n'ont pour se réunir qu'une espèce de halle qu'on appelle *la Maison Auerbach*, où ils sont exposés à l'injure du temps. Ici, du moins, ils trouvent une maison spacieuse, dans laquelle ils peuvent étaler les marchandises de luxe pendant toute la journée ; ce qui présente un coup-d'œil à-la-fois bizarre et agréable, par la variété des objets que l'on y voit, et la quantité d'individus de toutes les nations qui s'y rassemblent à toutes les heures du jour.

Darmstadt.

Le monument que le grand Frédéric a fait ériger ici, à la mémoire de son amie, ne répond pas à l'idée qu'on a pu s'en faire avant de l'avoir vu. Il est d'une élégante simplicité ; mais j'attendais d'un roi quelque chose de plus majestueux, de plus imposant. Sans l'inscription remarquable et connue qui le distingue, on n'aurait peut-être jamais parlé de ce monument; cette inscription même pourrait, aux yeux de bien des gens, ne pas paraître très-flatteuse pour l'épouse d'un landgrave. *Fœmina sexu, ingenio vir;* ce qui veut dire littéralement, *femme par le sexe, homme par l'esprit;* ou, en d'autres termes, *un milieu entre l'homme et la femme,* ou *ni homme ni femme.* On sait depuis long-temps que ce mélange des deux sexes n'offre rien d'aimable ; qu'une femme, avec le caractère et la rudesse d'un homme, déplaît aussi généralement qu'un homme qui s'annonce avec les inclinations et la faiblesse d'une femme : cette manière de faire l'éloge du beau sexe est aussi inconvenante, aussi ridicule, que si l'on disait, pour vanter une fleur, qu'elle a *l'odeur du chêne* (1).

-----

(1) Voilà une comparaison *robuste,* s'il en fut jamais ; mais elle n'est ni aimable ni juste.

Du chemin de la Montagne (1).

C'est la première fois que je traverse ce pays, appelé *le jardin de l'Allemagne :* c'est là qu'on voit sur le sommet des montagnes ces châteaux à demi ruinés, restes imposans de la magnificence de plusieurs siècles, et qui doivent survivre encore au siècle qui s'écoule. Ainsi voilà comme tout change dans le monde! Ces repaires de brigands, dont l'aspect seul suffisait pour inspirer la terreur aux passans, l'amusent aujourd'hui. La vue de ces ruines pittoresques l'occupe agréablement, et fait un moment diversion aux autres sensations qu'il éprouve, ou à la monotonie du voyage.

O! disais-je en moi-même, puissent le bonheur et le repos sourire à nos neveux quand un demi-siècle se sera écoulé,

(1) On nomme ainsi la route qui conduit de Darmstadt à Heidelberg ; elle est remarquable par les sites pittoresques qu'elle offre au voyageur.

comme l'aspect de la belle nature sourit
aujourd'hui au voyageur qui parcourt
le chemin de la montagne ! Puissent-ils
alors n'apercevoir qu'à travers un épais
brouillard les horreurs des révolutions,
et jouir doublement de leur bonheur
par le souvenir de nos maux passés !
Vous le voyez, mon aimable amie, je
pensais là où je n'aurais dû que sentir,
ce qui vous prouvera, jusqu'à l'évidence,
que je ne jouis encore qu'imparfaitement
des plaisirs qu'éprouve, en parcourant
un beau pays, le voyageur dont l'ame
est calme et susceptible de se livrer aux
impressions agréables que lui offrent ses
sens. Hélas ! que sont des plaisirs que
personne ne partage ? Je crois que les
jouissances, même les plus grossières,
celles qui nous sont communes avec les
animaux, même le boire et le manger,
perdent la plus grande partie de leurs
charmes si l'amour social ne les assaisonne pas. L'homme bon et cultivé ne
saurait jouir seul. Ce qui m'a fait éprouver le plus de plaisir dans ma vie me

venait toujours d'autres êtres, et se rapportait constamment à eux. Rendre heureux tout ce qui nous entoure, et voir briller la joie dans les yeux de ceux que nous aimons, est un plaisir digne des dieux ; car le Créateur lui-même n'en connaît pas d'autres (1). Pour moi, qui n'ai plus que des souvenirs de bonheur, et qui suis forcé d'appeler à chaque instant la raison à mon aide, j'abandonne ces beaux lieux comme un sourd quitte un concert (2).

Heidelberg.

Qu'un infortuné me demande en quel

---

(1) L'hypocrite !

(2) Qui ne croirait, après avoir lu ces phrases toutes sentimentales, que M. Kotzebue est en effet l'homme le plus douloureusement affecté, l'époux le plus tendre, et que jamais il ne se consolera de la perte récente de sa *bien aimée* Chrystel ? Détrompez - vous, lecteurs ; il vient de se marier pour la troisième fois ; et pour peu que sa nouvelle compagne veuille bien avoir la complaisance de se laisser mourir au bout de quelques années, il y a tout lieu de croire que cet époux fidèle ne s'arrêtera pas en si beau chemin ; Je tout parce que, dit-il ingénuement, *l'homme bon et cultivé ne saurait jouir seul.*

lieu du monde il doit passer sa vie pour
dérober de temps en temps une heure
à ses chagrins , et qu'un homme entièrement heureux me consulte sur le
séjour qu'il doit choisir pour couronner
gaiement chaque jour de sa vie , je nom-
merai à tous deux Heidelberg. Un site ro-
mantique, un climat tempéré, de bonnes
gens , point de contrainte , des habita-
tions commodes , une nourriture abondante et à peu de frais (1), quels avantages ! et cependant ce n'est pas tout :
Heidelberg est placée dans le voisinage
de plusieurs grandes villes et de plusieurs
petites fort agréables. Le malheureux
n'aime pas à vivre seul avec ses chagrins, c'est cependant ce qu'il commence
par desirer. Il se promène sur les bords
rians du Necker, ou il parcourt, sur les
montagnes voisines, les ruines majes-
tueuses de quelque forteresse antique ;
ou il fait quelques petites excursions jus-

____

(1) *Une nourriture abondante et à peu de frais.*
Le bon pays ! C'est vraiment le paradis terrestre pour
M Kotzebue.

qu'à Weinheim , Heppeinheim , etc,
Quand son chagrin, devenu plus calme,
lui permet de ne plus redouter le commerce des hommes , il peut en moins
d'un jour aller au spectacle à Manheim,
Stuttgard, Francfort-sur-le-Mein. Bref,
il peut en un moment, soit à droite,
soit à gaùche, trouver de la dissipation
à Darmstadt, Heilbronn , Offenbach ,
Oppeinheim, etc. On trouve à Heidelberg même bien des petites choses dignes
d'être remarquées : les ruines du château
sont très-curieuses; les vieux souterrains
méritent d'être vus. On dit qu'ils con-
duisent à la ville; mais on les comble en
ce moment, dans la crainte de quelque accident. On raconte qu'un émigré qui les
visitait il y a quelques années , et qui
s'était écarté de son conducteur, s'égara
dans les sinueux détours de ce laby-
rinthe. Heureusement il avait été suivi
par quelques petits mendians, qui indi-
quèrent l'endroit où il avait disparu, et
on parvint à le retrouver. Il raconta qu'il
avait marché long-temps dans les sou-

terrains, parce qu'il avait entendu beaucoup de bruit, et qu'il lui avait semblé être au-dessous de la ville; mais enfin, ayant entendu les cris de ceux qui le cherchaient, il était revenu sur ses pas. Quelque temps auparavant, un danseur de corde qui enfonçait un pieu sur le marché pour y attacher sa corde, fit ébouler la terre sous ses pieds, et tomba dans une partie de ce souterrain, où l'on trouva de vieilles armures couvertes de rouille. Le fameux foudre (1) d'Heidelberg est une curiosité misérable qui

(1) On appelle ainsi un très-gros tonneau dont on se sert en Allemagne et dans quelques vignobles de France. Celui d'Heidelberg, qui contenait plus de deux cents muids de vin, était célèbre dans toute l'Allemagne; il appartenait à des moines, qui y conservaient, disaient-ils, depuis cent ans, du vin du Rhin de la meilleure qualité. Les bons pères n'avaient pas tout-à-fait menti, car ils remplaçaient chaque année par du vin nouveau celui qui avait été bu par les voyageurs dans le cours de cette même année, d'où il résultait qu'effectivement il se trouvait toujours à-peu-près un centième de la liqueur contenue dans le foudre qui datait d'une époque très-reculée. On assure que la caisse du couvent trouvait son compte à cette innocente spéculation.

ne peut intéresser, même par son antiquité. Il est tombé en ruine ; et l'électeur
actuel, Charles-Théodore, n'a pas cru
devoir s'immortaliser en en faisant construire un nouveau.

Si jamais vous venez à Heidelberg,
ma chère amie, vous demanderez peut-
être après le *Puits du Loup*, l'une des
curiosités les plus intéressantes de cette
ville. Jadis il était entouré de vieux tilleuls qui avaient vu s'écouler trois siècles
depuis qu'ils lui prêtaient leur ombrage ;
leurs branches étaient tellement serrées
et entrelacées, qu'on s'en servait comme
d'un plancher, et que l'on avait établi
au-dessus une espèce de tonnelle, dans
laquelle se trouvaient des chaises, des
tables, et sous laquelle on venait se
livrer au plaisir de la danse. De grandes
dames, des princes, des rois même, à
ce que racontent les voisins, y ont plus
d'une fois donné des concerts et fait des
soupers délicieux au clair de la lune :
maintenant il n'existe plus rien de tout
cela. Vous ne verrez plus qu'un bassin

carré, entouré de troncs d'arbres ; ces
tilleuls antiques et respectables ont été
abattus. Qui a ordonné cela? m'écriai-je
avec humeur. La chambre électorale,
me répondit-on. Ces vieux arbres donnent du bois excellent à brûler ; et les
truites ne pouvaient vivre dans le bassin,
parce que l'ombre des tilleuls rendait
l'eau trop froide. Eh bien ! dis-je en
colère, je voudrais que chaque conseiller
de la chambre qui a ordonné qu'on
fît ce vol à la belle nature fût contraint de se promener deux fois par an,
pendant deux ou trois heures, à l'ardeur
d'un soleil brûlant, et cherchant en vain
un ombrage salutaire et agréable dont
il a privé si cruellement les habitans et
les voyageurs. Oh! puisse se dessécher
à l'instant la main de tout homme qui
veut détruire ce qui sert depuis des siècles
à la prospérité d'un pays, à l'ornement
d'une ville, et aux plaisirs de ses habitans !

La guerre a laissé, dans ce pays,
beaucoup de misère, et a éclairé les ha-

bitans de la campagne plus qu'ils ne
doivent l'être.

* * *

Nota. Il y a ici, sous l'indication de
Mauren (petit village du Palatinat), un
chapitre fort long, entièrement consacré
au récit fastidieux des aventures très-
ordinaires d'une pauvre femme aveugle
que M. Kotzebue a rencontrée chez le
maître de poste. Comme cela ne m'a
pas paru avoir le moindre attrait pour
les lecteurs, j'ai cru leur rendre service
en supprimant ce chapitre insignifiant.
J'en ai fait de même pour beaucoup de
détails oiseux et de comparaisons dépla-
cées ou ridicules; car c'est là sur-tout
que brille l'auteur allemand.

* * *

Neckers-Gemund.

En lisant une inscription placée au-
dessus de la porte de cette petite ville ,
j'eus encore occasion de renouveler un
souhait que j'avais fait souvent ; c'est
que je voudrais que tout individu qui

fait mettre une inscription sur sa porte ou
ailleurs fût tenu de savoir sa langue (1).

Sintzheim.

Cette ville appartient maintenant au
comte de Linange, qui doit être un bon
prince ; car j'ai entendu faire par-tout
son éloge. A son nom seul les visages
se dérident et s'épanouissent. Ah ! que
n'en puis-je dire autant de tous les Etats
que j'ai traversés ! Dans l'un domine la
crainte avec un sceptre de fer ; dans

(1) J'ai souvent fait la même réflexion, en voyant à
chaque pas, dans les rues de Paris, des enseignes ou
inscriptions dans lesquelles les mots les plus simples et
les plus généralement connus sont estropiés d'une manière horrible. Les étrangers doivent être singulièrement
choqués de voir ainsi défigurer la langue dans la capitale
de la France, dans le lieu où elle devrait être le plus
respectée.

Je voudrais que les peintres, ou plutôt les barbouilleurs,
que l'on emploie à ce genre de travail, ne pussent tracer
des caractères sur la voie publique sans une permission
du préfet de police ou du maire, qui ne l'accorderait
qu'après avoir acquis la certitude que l'individu est en
état de remplir (*sans faute*) cette partie de la profession qu'il exerce.

l'autre on ne parle qu'avec indifférence des bonnes qualités de celui qui gouverne, parce qu'il se tient toujours éloigné de son peuple, et qu'il met trop de morgue dans la distribution de ses bienfaits. Ici, c'est un petit pays dans lequel on maudit le despote; là, un autre dont le prince s'aliène tous les cœurs, parce qu'il semble importuné par le seul aspect des hommes, etc. Après avoir fait presque par-tout ces pénibles remarques, combien il est satisfaisant d'entendre les sujets du prince de Linange parler si cordialement de lui, et exalter si fort ses bontés! C'est dommage que les souverains aient perdu l'usage de se promener quelquefois déguisés, et de se mêler parmi leurs sujets : que de leçons amères, mais utiles, les uns et les autres pourraient recevoir! combien notre Frédéric-Guillaume entendrait s'échapper de bénédictions et de louanges que le respect retient et n'ose laisser éclater en sa présence !

2.

Heilbronn.

C'est pour moi un bien grand plaisir de voir une feuille de papier ou de parchemin écrite de la main d'un homme célèbre du temps passé ; je me représente sa figure, je crois voir sa main là où elle a tracé des caractères. C'est pour cela que je me faisais d'avance une fête d'arriver à Heilbronn. Je savais que l'on conservait précieusement, dans les archives, des lettres originales manuscrites du fameux Goetz de Berliching, et de François de Sickingen. J'envoyai chez l'archiviste le lendemain de mon arrivée, pour le prier de m'accorder la faveur que je desirais. A la vérité cette demande me fut accordée avec infiniment de politesse ; mais je vous conseille, si jamais vous allez à Heilbronn, de bien vous informer si vous parlez au véritable archiviste. Cette fois il était absent ; et celui qui le remplace ne sait rien, sinon qu'il doit montrer aux curieux deux grandes salles remplies d'armoires. Je dois cependant lui savoir gré de sa bonne volonté, car il chercha avec toute la complaisance imaginable ce que je desirais voir, mais ce fut inutilement. Tout ce que je puis vous dire sur le cabinet des archives d'Heilbronn, c'est qu'on y voit une grande quantité de papiers et de parchemins.

Puisque je ne puis pas voir les manuscrits, dis-je, je veux au moins visiter la vieille tour dans laquelle Goetz de Berliching a été renfermé ; je veux voir l'endroit où cet homme fier et célèbre a souffert les outrages des magistrats d'Heilbronn. Je croyais qu'un enfant pourrait me conduire à cette tour, mais je me trompais. Je m'adressai au moins à une douzaine de personnes, qui toutes parurent très-surprises de mes questions : aucune d'elles n'avait entendu parler du brave Goetz. Ainsi donc j'acquis la triste certitude qu'un homme célèbre est totalement oublié au bout de quelques siècles, même dans l'endroit où il a vécu. Ainsi tout le bien qu'un

grand homme opère n'est senti que par
ceux qui sont loin de lui ; tous ceux qui
le voient de près le regardent avec indifférence, et bien souvent ne daignent
pas même le regarder. Enfin je trouvai
une espèce d'archer, qui promit de me
faire voir la tour. Il alla chercher un
trousseau de clefs rouillées, et me con-
duisit, par le plus détestable quartier
de la ville, jusqu'à une vieille tour car-
rée. Après avoir monté plusieurs escaliers ruinés, au risque de me rompre le
cou, j'arrivai enfin à la plate-forme,
de laquelle on découvre une vue magnifique. Mais, lui dis-je, où est la prison
de Berliching? Il proposa de me l'ouvrir, en me disant qu'elle renfermait
deux malfaiteurs. — Comment on s'en
sert encore! — Sans doute. — On ne la
considère donc pas comme l'un des plus
intéressans monumens de l'antiquité?
— Il n'y a pas de place ailleurs. On l'a
même divisée en plusieurs parties, afin
d'y mettre davantage de prisonniers. —
C'est assez. J'examinai, en passant, la

porte de cette prison ; elle se trouve dans la partie la plus élevée du donjon , et on l'avait faite extrêmement basse, afin que Goetz, qui, comme on le sait , n'aimait pas à se baisser, fût cependant obligé de le faire en y entrant. Je m'éloignai avec humeur.

C'est là tout ce que j'ai à vous dire sur cette ancienne ville.

Stuttgard.

Je suis allé au théâtre de Stuttgard ; la salle n'a rien d'imposant , et elle est encore rendue plus triste par une mauvaise lampe sale et mesquine qui est suspendue dans le milieu. On jouait l'opéra d'*Achille*. J'ai entendu chanter un excellent *tenor*, nommé Krebs, fort bel homme , et de plus , chose rare , très-bon comédien. Les chœurs me parurent fort bien exécutés. L'orchestre, dirigé par Krantz, est excellent. Le reste ne mérite pas que l'on en parle.

La ville de Stuttgard possède une magnifique collection de Bibles.

Hechingen et Duttlingen.

En voyant, à Hechingen, le vieux château d'Hohenzolern, où les ancêtres de notre bon roi ont reçu la naissance, je ressentis le même plaisir que j'avais éprouvé en traversant à Stuttgard le petit ruisseau qui donne son nom au Danube, à ce fleuve imposant et majestueux, qui roule ses eaux rapides au milieu des campagnes riantes qu'il fertilise. Ainsi c'est à l'air pur que respirèrent en naissant les aïeux de Frédéric-Guillaume, que nous devons de jouir aujourd'hui de toutes leurs vertus réunies en sa personne.

Zurich.

Me voilà en Suisse : mais n'attendez pas que je vous fasse une description pompeuse des superbes merveilles de la nature que j'ai vues ici. Il existe des *Voyages en Suisse*, par douzaines ; dans le nombre il s'en trouve de bons, de médiocres et de mauvais. Non-seulement on ne peut rien dire de nouveau sur les beautés naturelles de ce pays, mais on aurait peut-être mieux fait de n'en pas parler du tout. Car, soyons francs, y a-t-il une description d'un beau pays, fût-ce un chef-d'œuvre, qui vous ait présenté une image fidèle de ce que vous éprouvez en vous trouvant sur les lieux? Je pense que non. On peut, à la vérité, me dépeindre sur la gauche un lac dont les bords sont parsemés de jolies maisons de plaisance; me montrer à droite la chaîne du Mont-Jura; dans le fond, le Mont-Blanc, etc.; on peut se servir pour cela d'expressions poétiques, mais on ne produira jamais à mon imagination qu'un tableau confus, qui ne m'offrira que des objets vagues, manquant d'ordonnance et d'harmonie. Voilà pourquoi je suis l'ennemi de toutes ces descriptions. Il faut voir la Suisse pour la connaître, comme il faut entendre un concert pour le comprendre. Je compare celui qui veut me représenter un pays avec des paroles ou des mots, à l'homme

2*

'qui viendrait me fredonner l'Oratorio d'Haydn, pour me donner l'idée d'une superbe composition musicale. Je ne dirai donc rien sur la Suisse, sinon que j'ai été, dans des lieux où sans doute Dieu lui-même s'est transporté quand, après la création, il a voulu planer sur le monde et admirer le grand-œuvre.

La chute du Rhin n'a pas surpassé mon attente, mais l'a remplie au plus haut degré. C'est un spectacle imposant et magnifique, qu'aucune plume ne peut rendre.

Les environs de Zurich m'ont plu davantage que le reste du pays, parce que les habitans m'ont paru meilleurs que par-tout ailleurs. Je ne connais rien de plus riant, de plus agréable, que la vue que l'on découvre de l'hôtel de l'Epée, où j'étais logé. Les promenades de Zurich sont délicieuses, et faites pour séduire même un goutteux. Le tombeau de Gessner est d'une simplicité si belle, si touchante, qu'on ne peut retenir ses larmes en le voyant. C'est dommage

seulement que les chasseurs français,
qui n'ont pas en ce moment d'autre occasion de s'immortaliser (1), s'amusent
à graver leur nom sur le marbre qui
couvre les cendres de cet homme célèbre. Le nom du troisième régiment de
chasseurs figure sur ce monument pas-
toral, comme un fusil au milieu d'une
touffe de roses (2).

J'ai vu, en passant, le cabinet de
Lavater. Ce qui m'a paru le plus remarquable, ce n'est pas le grand nombre
de figures qu'il a rassemblées, mais bien
les inscriptions qu'il a placées en-des-
sous de chaque visage, signifiant ou
insignifiant. On connaît son style énig-

---

(1) S'il était possible de prendre cela pour un éloge,
sans doute il serait délicat et fin; mais après avoir lu
l'ouvrage de M. Kotzebue, et s'être bien pénétré de
l'esprit qui l'a dicté, on ne peut s'y méprendre : il est
clair que c'est une grossièreté.

Au reste, son séjour à Paris a dû lui apprendre, et
l'univers lui dira, que les soldats français n'ont pas besoin
de graver leur nom sur le marbre pour s'immortaliser.

(2) Cette comparaison est aussi juste et aussi fine que
son raisonnement.

matique. Souvent il paraît s'être donné beaucoup de peine pour renfermer un sens très-étendu dans un petit nombre de mots obscurs et nouveaux. L'esprit des Suisses ressemble presque toujours à un lac agité, du sein duquel un feu souterrain a fait sortir des écueils contre lesquels viennent se briser les vagues impuissantes. Les murs des auberges sont tapissés de sentences et de sarcasmes parfois très-amers et très-spirituels.

Les Suisses nourrissent la haine la plus implacable contre le général Andermatt, celui qui a bombardé Zurich. Il vit tranquille dans sa terre, parce qu'on le méprise trop pour lui faire du mal. On ne dit pas non plus beaucoup de bien des Russes; on fait cependant l'éloge du général Korsakoff, qui a visité souvent la bibliothèque, et qui a paru protéger spécialement les sciences; du reste, on ne le regarde pas comme un grand général. Lorsqu'on lui rapporta que les Français venaient de s'emparer d'une montagne qui domine Zurich, il répondit : Tant mieux ! c'est là que je les attendais (1). Bientôt après il fut forcé de se retirer, et ne savait pas même par quelle porte il devait sortir ; les habitans furent obligés de lui montrer le chemin. Il perdit tous ses bagages ; les hussards français firent un butin considérable ; ils avaient, dit-on, tant d'écus dans leurs bonnets, qu'ils en donnaient volontiers douze ou quinze pour un louis d'or, parce que cela les soulageait d'autant. Dans le fait, il faut aller à Zurich pour apprendre une foule d'anecdotes piquantes qui ne sont pas connues, et qui jettent cependant un grand jour sur les événemens qui ont eu lieu à cette époque.

Bade , en Suisse.

J'ai trouvé ici affichée une ordonnance *du tribunal des mœurs,* qui ne fait pas l'éloge de l'esprit de notre siècle. Elle prescrit l'observance générale et solennelle du dimanche ; elle défend ce

(1) Il aurait pu ajouter : *pour fuir.*

jour-là toute espèce d'exercice ; les jeux, les danses, le tir à l'oiseau, la pêche, la natation, etc. Elle exige que tous les habitans mariés paraissent à l'église en manteau, les garçons en habit, et non pas en veste ; que le beau sexe observe dans la manière de se vêtir la décence qui convient à la sainteté du lieu, ainsi qu'à la pudeur. Dans le fait, je voudrais voir nos aïeules se trouvant dans une église, à côté de leurs petites-filles à demi-nues ; comme elles retourneraient bien vîte dans leurs tombeaux, pour se cacher, et n'être pas témoins des écarts que se permettent journellement nos jeunes femmes. Au reste, on peut dire, à la louange de la Suisse, qu'elle possède un *tribunal de mœurs :* cela annonce du moins l'intention de les conserver dans leur pureté. Je ne crois pas qu'il y ait maintenant en Europe un pays où il existe une institution semblable.

On est dans l'usage d'étançonner les bâtimens qui menacent ruine, pour qu'ils n'écrasent pas les passans ; mais

on laisse s'étendre la corruption des
mœurs jusqu'à ce que les hommes soient
entièrement énervés, et desséchés comme
les arbres de nos forêts qui furent dévo-
rés par les chenilles il y a bientôt deux
ans.

Berne, Lausanne, Genève.

Que puis-je vous dire de toutes ces
villes dans lesquelles je suis allé, et de
tout ce que j'y ai vu, que cent autres ne
vous aient dit avant moi ? Ce ne sont
pas les villes qui font le plus bel ornement de la Suisse : elles sont toutes
vieilles, irrégulières, mal bâties, et
coupées par des rues étroites et sales,
que la trop grande élévation des maisons
prive d'air. En général, les villes sont
aussi mal saines que les campagnes sont
salubres et agréables. J'en excepte cependant Morges et Rolle, deux jolies
petites villes situées sur le lac de Genève. Je me réjouissais de voir le Char-
nier de Marten, fameux par la victoire
de Charles de Bourgogne, en 1476.

Malheureusement on n'en aperçoit plus que des vestiges : les Français ont dispersé les ossemens rassemblés sur le champ de bataille, et les ont jetés dans le lac. Pourquoi? Ils ne le savent pas eux-mêmes. Ils paraissent, par dessus toutes choses, possédés de la manie de détruire (1). Cependant ils y ont encore laissé des ossemens en assez grand nombre pour que les voyageurs puissent reconnaître cette place pendant un bon nombre d'années.

M. Dulac, vieillard extrêmement aimable, m'a montré, avec toute la complaisance imaginable, son cabinet de pierres précieuses, marbres, laves et co-

----

(1) Avec un peu d'impartialité, M. Kotzebue aurait pu ajouter que depuis cinq ans sur-tout ils paraissent s'en être entièrement corrigés : voyez nos établissemens en tous genres, nos manufactures, etc. ; voyez s'élever de tous côtés des monumens consacrés à l'utilité publique ou à la prospérité du commerce. C'est à Paris sur-tout qne ce misanthrope sauvage aurait pu se convaincre à chaque pas qu'il n'est pas un regard, une pensée du gouvernement, qui ne tende évidemment à la gloire de la nation.

quilles. Je voudrais m'y connaître davantage.(1) pour mieux apprécier les
belles choses qu'il m'a fait voir.

Le théâtre de Genève ne m'a point
paru mauvais ; on donnait entre autres
M. de Crac dans son petit castel, cette
pièce fut jouée par des comiques pas-
sables.

Je m'attendais à voir ici madame de
Staël ; je me dédommageai de cet espoir trompé en allant à Ferney. J'ap-
prochai de ce sanctuaire avec le cœur
vivement ému. J'en avais vu le modèle
à Pétersbourg, dans la bibliothèque de
l'Hermitage, et je m'attendais à le trouver supérieur à ce que j'avais vu en
peinture ; mais mon attente a été déçue.
Cependant je n'étais pas venu à Ferney
pour voir un château ; je ne voulais que
visiter le lieu où Voltaire avait écrit et
vécu ; je voulais jouir des sensations
qu'un esprit ardent doit éprouver dans

____

(1) Voilà un beau mouvement de modestie ! je le
remarque, parce qu'ils sont rares dans le cours de
l'ouvrage.

un lieu semblable. Cette maison appartient à je ne sais quel négociant; mais il
a prouvé son respect pour Voltaire en
conservant sa chambre à coucher telle
que ce grand homme l'a laissée.

On y voit encore son lit avec les ri-
deaux de soie jaune, le portrait de
Lekain, celui de Frédéric le grand, de
la czarine Catherine, et beaucoup d'autres. On voit encore dans une niche
l'urne qui renfermait son cœur, avec cette
inscription : *Je suis content, car mon
cœur reste avec vous.* Dans une des
chambres voisines on conserve le billard
sur lequel il avait coutume de jouer. Enfin, j'ai vu dans cette maison un respectable ecclésiastique qui eut le bonheur
de vivre avec Voltaire pendant les neuf
dernières années de sa vie. Il m'est impossible de rendre ce que j'éprouvai en
voyant cette figure vénérable.

Je terminerai ici mes réflexions sur
la Suisse; sans doute, ma chère amie,
vous ne leur reprocherez pas d'être trop
longues. Si jamais je visite ce pays à

pied, comme je me le propose, je me
fais une fête de sentir beaucoup, mais
je n'écrirai pas. Il faut faire ce voyage
à pied; en voiture il est ennuyeux, et
coûte fort cher (1). Quand un cocher de
Suisse vous a fait faire quatre ou cinq
lieues par jour, il croit avoir fait un
miracle, et il vous en coûte dix-huit
francs pour ses deux chevaux, et autant
pour le jour suivant, où il retourne à
vide. En outre, il vous force à vous arrêter à midi et le soir, et à vous faire
écorcher dans les auberges où il lui plaît
de demeurer, et dans lesquelles on est
généralement mal servi.

Nota. Ici, M. Kotzebue entre dans
des détails puérils et des plus fastidieux sur le retard qu'on a mis dans
telle ou telle auberge à lui apporter son
café à telle ou telle heure; il prétend
qu'*un homme comme lui*, qui se lève

---

(1) Encore un trait de caractère : avare, gourmand, et
par dessus tout modeste.

de bonne heure, souffre beaucoup de voyager en Suisse et en France, où l'on se lève aussi tard (1).

———

Cerdon.

J'avoue que j'ai été agréablement surpris en venant de Genève ici. Je ne me doutais pas que j'y verrais des choses qui surpasseraient tout ce que j'avais vu en Suisse. L'aspect du Rhône, qui tantôt

———

(1) Voilà qui est très-fâcheux ; et j'espère que si M. Kotzebue devient veuf une troisième fois, et qu'il nous fasse encore l'honneur de nous visiter (car c'est teujours la mort de sa femme qui nous procure l'avantage de le voir), on voudra bien avoir égard à ses plaintes : j'espère sur-tout que , par reconnaissance pour les éloges qu'il leur donne, les aubergistes voudront bien mettre tous leurs soins à satisfaire un *homme comme lui ;* qu'un domestique restera debout près de sa chambre , et veillera toute la nuit pour prévenir ses moindres desirs , que son café sera prêt à quatre heures du matin , ou même la veille, etc. Si l'on s'avisait de manquer à tout cela , M. Kotzebue pourrait en prendre de l'humeur , et donner la préférence à un autre pays où les routes fussent moins dures, les droits de passe moins chers, les auberges meilleures, etc. Et quelle perte pour la postérité, si elle se voyait privée, par notre faute , des réflexions sages, piquantes , impartiales , et sur-tout honnêtes , que cet auteur laisse échapper tous les dix ans de sa plume innocente !

se précipite comme un torrent entre deux montagnes qui s'élancent et se perdent dans les nues, tantôt tombe goutte à goutte, et ne fait pour ainsi dire qu'humecter les rochers sur lesquels il coule, jusqu'à ce qu'il s'engouffre dans un abyme, et disparaisse entièrement aux regards du voyageur; l'élan impétueux de ce même fleuve qui reparaît à sept cents pas plus loin, et court s'unir à la Saône: tout cela surprend, étonne, et satisfait. Ainsi, de surprise en surprise, le voyageur parvient jusqu'aux environs de Nantua, située dans une vallée que je nommerais volontiers le *Val du Désespoir*. Je n'ai vu de ma vie rien de plus sauvage et de plus horrible. Les maisons isolées et en petit nombre que l'on y aperçoit paraissent avoir été bâties par quelque Robinson qui aurait fait naufrage dans le grand monde. Là, comme dans la nouvelle Zemble, règne un éternel hiver; les rochers, noirs et dépouillés de verdure, semblent former une vaste prison; le chant d'aucun oi-

seau ne vient interrompre le mugisse-
ment sourd et effrayant des eaux qui se
précipitent du haut des rochers ; des
marais fangeux entourent chaque petit
coin de terre labourable que l'industrie
des habitans semble avoir dérobé à la nature sauvage. En sortant de Nantua, on
voit sur la cyme des montagnes de vieux
châteaux ruinés , des crevasses et des
cavernes profondes, où les hommes ne
peuvent arriver que par le moyen des
échelles. C'est là que le cultivateur hardi
va planter la vigne sur un roc à peine re-
couvert de quelques pouces de terre, et
ose même construire une cabane qui de
loin semble suspendue comme par miracle, et fait trembler le passant. En
sortant de derrière une masse de rochers
couverts d'une sombre forêt de sapins,
la nature ménage au voyageur le spectacle le plus magnifique ; il entre tout-
à-coup dans une vallée agréable ; de tous
côtés de petits torrens s'échappent, et
viennent se jeter dans une rivière qui
serpente dans de vastes prairies. C'est à

l'extrémité de ce vallon que l'on voit la petite ville de Cerdon. Le lecteur me pardonnera si, contre mon gré et ma résolution, je me suis laissé entraîner au plaisir de décrire; mais je n'ai pu résister au sentiment d'admiration que j'ai éprouvé en voyageant de Genève à Cerdon. Ce qu'on voit là mérite seul la peine d'un voyage.

Lyon.

Je serais tenté de nommer cette ville une vaste boutique (1), car je n'y ai presque point vu de maison dans laquelle il n'y ait quelque chose à vendre. On y voit avec admiration les ruines d'un aqueduc, ouvrage des Romains. Le vieux bain, également construit par les Romains, ne présente plus que des vestiges assez insignifians, et dont on doit la conservation à la dureté du ciment que le fer destructeur des jacobins et des vandales n'a pu dégrader.

---

(1) Il aurait pu, ce me semble, se servir d'une expression plus honnête.

On m'a fait voir, dans une église, quatre colonnes de marbre précieux, qui supportaient jadis l'autel de l'empereur Auguste; mais le vandalisme paraît exercer encore son empire en ces lieux (1), car j'ai vu des ouvriers occupés à trouer ces colonnes, avec beaucoup de peines et d'efforts, pour y sceller des grilles, comme si l'on n'avait pu le faire par un moyen plus simple et qui eût conservé ces beaux morceaux dans leur intégrité. Une promenade agréable sur le bord de l'eau conduit jusqu'au confluent du Rhône et de la Saône, qui ne me paraît pas, à beaucoup près, offrir un coup-d'œil aussi beau que la jonction du Rhin et du Mein.

On m'avait vanté le quai comme étant infiniment plus beau que celui de Pétersbourg; mais il me semble qu'il ne peut pas même entrer en comparaison, bien loin de la soutenir. Là, la Neva

____

(1) Je laisse aux Lyonnais le soin de remercier, comme ils l'entendront, l'aimable observateur qui leur adresse un aussi joli compliment.

large et majestueuse, bordée de palais magnifiques ; ici, le Rhône étroit et resserré entre deux rangs de maisons sans apparence ; là, le trottoir et le parapet en granit ; ici, le trottoir pavé sans parapet ; là, le fleuve couvert de vaisseaux et de chaloupes élégamment ornés ; ici de grands vilains bateaux plats dans lesquels de longues files de blanchisseuses lavent du linge sale (1), et l'exposent ensuite aux regards des promeneurs.

Dans une fabrique que j'ai visitée, on faisait des coussins de croisée pour Bonaparte ; ils étaient en velours bleu, brodé en or et en argent, et devaient assurément coûter une somme beaucoup plus forte que les appointemens qu'avait autrefois cet homme extraordinaire (2).

____

(1) M. Kotzebue voudrait peut-être qu'on lavât du linge propre.

(2) Convenez-en, M. Kotzebue, ceci vous a paru piquant ; vous avez souri de bon cœur à cette pensée ; vous avez trouvé cette phrase superbe, vous avez cru détruire, par un seul mot, par cette lourde plaisanterie, la gloire immortelle du chef de l'empire français : détrompez-vous, monsieur ; vous avez justement produit

Le théâtre de Lyon est très-médiocre, sous tous les rapports. On donnait Eugénie ; le rôle du lord Clarendon était *beuglé* par un acteur sexagénaire (1) ; et plus il criait, plus les spectateurs applaudissaient, même quand ils n'avaient rien compris.

———

l'effet contraire. En rappelant que Bonaparte a su, par son génie, s'élever du rang de simple lieutenant, au trône de Charlemagne, vous avez, sans le savoir, fourni à ses nombreux admirateurs une nouvelle occasion de passer en revue ses victoires encore plus nombreuses, et les moyens supprenans qu'il a employés pour tirer la France de l'état d'abjection où des barbares l'avaient réduite, et la remettre à la tête des nations du monde.

(1) Martelli devra être bien flatté de cet éloge, de la part d'un homme qui a été directeur à Vienne, Pétersbourg, Berlin, etc. ; et qui se connaît en talent *comme personne*. Heureusement, le suffrage des Français dédommage amplement cet acteur estimable du malheur d'avoir déplu au *premier* auteur dramatique du monde. Au reste, on ne sera pas surpris de ce jugement porté contre Martelli, quand on saura que M. Kotzebue a condamné, sans exception, tous les comédiens, français et autres, qu'il a vus jouer à Paris. Le croira-t-on ? sur tous les artistes en ce genre que la France possède, et dont elle s'enorgueillit, deux ou trois seulement ont mérité de sa part une exception : nous ne les nommerons pas, de peur d'offenser leur modestie.

Tout le monde ici maudit la révolution. Est-ce par conviction, ou par mode ? Cela n'empêche pas qu'on n'en ait conservé beaucoup d'usages. Par exemple, les hommes de la classe inférieure ne se découvrent plus ; les valets et les postillons entrent même dans votre chambre sans ôter leur chapeau, et sans vous saluer (1). Si ce n'était qu'une

(1) Malheureux que vous êtes ! comment pouviez-vous ignorer que vous aviez l'honneur de parler à M. le président Kotzebue ? Humiliez-vous, faquins ; prosternez-vous devant ce grand homme.

Quelle différence pour vous, M. Kotzebue, entre ce voyage-ci et celui que vous fîtes en Sibérie il y a quatre ans ! c'est là, comme vous nous l'apprenez dans votre *Année mémorable,* qu'on vous *saluait,* qu'on *s'empressait au devant de vous ;* c'est là que les paysans *sortaient en foule* de leurs humbles chaumières, et *se précipitaient sur la route* pour admirer de plus près le génie créateur et fécond qui fit répandre tant de larmes. C'est là que votre petit amour-propre fut *délicieusement* chatouillé en apprenant que vos pièces étaient jouées *tous les jours* avec un succès *incroyable* à Tobolsk, à Kurgan, et jusqu'au fond du Kamstchatka ; *assez mal à la vérité ;* mais que *leur grand mérite,* dites-vous naïvement, faisait passer sur le reste.

Ah ! combien vous dûtes regretter cet heureux temps de votre exil, en vous trouvant en France, entouré

mode, on pourrait ne pas s'en offenser,
car les femmes et les Turcs n'ôtent jamais leurs chapeaux (1) ; mais attendu
que c'est ici une marque de la fraternité
et de l'égalité tant vantées, cela devient
insipide et insupportable.

Entre Lyon et Paris.

Si jamais il vous prend fantaisie de
voyager en France, je vous conseille
de ne le pas faire en poste et dans votre
voiture ; car, outre que vous dépenserez

---

d'*ignorans* et de *barbares*, dont le cœur insensible ne battait pas à votre approche, pour les avertir qu'ils se trouvaient en présence de l'auteur *le plus étonnant* que l'Allemagne.... que dis-je ?... que l'univers ait jamais vu. Croyez-moi, pour qu'un pareil scandale ne se renouvelle pas dans les pays que vous daignerez honorer de votre présence auguste (ce qui pourrait bien arriver), faites-vous précéder sur la route par quatre ou cinq courriers, qui proclameront dans chaque ville ou village votre nom et vos titres à la célébrité ; c'est alors que vous recevrez le *juste* hommage qui vous est dû ; c'est alors que vous serez bien plus étonné de l'accueil que l'on vous fera.

(1) Il serait plaisant que M. Kotzebue prétendît faire ôter le chapeau à des gens qui n'en ont jamais porté.

vingt fois plus que vous n'aurez compté,
vous éprouverez encore des chicanes sans
fin, et vous serez continuellement ex-
posé à des insultes et à des provocations
impertinentes et désagréables. D'abord,
les ordonnances de poste concernant le
nombre des chevaux à prendre sont
les plus extraordinaires et les plus ridicules du monde, en ce qu'elles mettent
entièrement le voyageur sous la dépen-
dance des maîtres de poste. Deux personnes doivent prendre trois chevaux et
en payer quatre ; trois personnes doivent
prendre quatre chevaux et en payer cinq,
ainsi de suite. En outre, on n'a pas la
moindre attention pour la voiture ou les
effets qu'elle contient. A Genève, on ne
me mit que deux chevaux, et dans le
fait il ne m'en fallait pas davantage ; à
quelques postes plus loin on m'en donna
trois, à Lyon quatre, et il me fallut en
payer cinq. Enfin, on alla jusqu'à me
forcer de prendre deux postillons auxquels il me fallut payer doubles guides.
Ajoutez à cela l'argent des barrières

que l'on a placées de lieue en lieue, et
où l'on vous demande chaque fois douze
sous (1). Ce n'est pas tout encore! Vous
donnez un louis à changer, on vous le
rapporte au bout d'un quart-d'heure, en
vous disant qu'il n'a pas le poids, et que
vous devez perdre trente ou quarante
sous dessus, ou l'on vous soutient qu'il
est faux, et on vous le change effectivement contre un faux, comme cela m'est
arrivé plus d'une fois (2). Si vous payez
en écus, on les refuse parce qu'ils sont
rognés (3). Voulez-vous payer en petite
monnaie? on la refuse encore, parce que
le coin est effacé, et que l'on ne voit plus
l'effigie du prince. A la vérité, si vous

---

(1) On sait que M. Kotzebue n'aime pas à payer,
car il s'est déja plaint amèrement, à cette occasion, des
droits de passe établis sur la route de Gotha.

(2) Pour cela, il ne peut s'en prendre à personne qu'à
lui; car assurément il n'est si mince génie qui ne se
méfiât de pareille supercherie s'il en avait été la dupe
une fois.

(3) Cela est juste, et doit arriver par-tout où la monnaie
est altérée.

changez de l'or, on vous apportera chaque fois des poignées de cette mauvaise monnaie non marquée ; si vous refusez de la prendre, on vous prouvera, l'une après l'autre, que chaque pièce est bonne, et que, d'après la loi, on est tenu de les accepter. Mais si vous voulez, quelques minutes après, les donner en paiement à celui même de qui vous les tenez, il vous répond sèchement : *Çà n'est pas marqué.* Vous aurez beau vous fâcher, les choses n'en iront pas moins, et vous serez fort heureux si vous n'arrivez pas à Paris avec les poches remplies de cette mitraille.

Ce n'est pas tout encore ! Voyagez-vous en poste ? il semble que les aubergistes se soient donné le mot pour vous écorcher ; c'est à qui vous volera avec plus d'impudeur et d'effronterie. Vous ne croirez jamais que dans une petite ville on m'ait fait payer douze francs pour une omelette et une bouteille de vin du pays, qui valait à peine huit à dix sous ; c'est cependant l'exacte

vérité (1). Dans les auberges des grandes villes, vous avez de plus à satisfaire l'insatiable avidité des domestiques.
A Lyon, par exemple, il en vint au
moins dix me demander pour boire ;
la cuisinière, la fille qui sert à table,
celle qui allume le feu, celle qui fait le
lit, celle qui apporte le thé ou le café,
les garçons, le cocher, et jusqu'au valet
d'écurie qui avait lavé ma voiture ; et
je ne connais pas de moyens de se
débarasser de tant d'importuns, sinon
d'avoir toujours la bourse à la main (2).
Cette persécution provient de la grande

----

(1) Tout n'est pas profit dans le monde, et il en coûte
nécessairement dans tous les pays pour se faire remarquer.
Si M. Kotzebue eût voyagé modestement, comme doit
le faire un *pauvre* auteur, il n'eût pas produit sur la
route la moindre sensation ; aussi un bon repas à table
d'hôte ne lui eût coûté que trois ou quatre francs au
plus ; mais il nous est venu tout chamaré de cordons,
tout couvert de crachats ; on l'a pris pour l'ambassadeur
de quelque puissance alliée, et il me paraît tout simple
qu'on lui ait fait payer le plaisir de passer un moment
pour un *grand* homme.

(2) Ah que c'est dur !

misère, et sur-tout de ce que l'on voit très-peu de voyageurs. Les Anglais, qui répandaient beaucoup d'or dans ce pays, n'y paraissent plus ; en un mot, depuis la guerre, on n'y voit que peu ou point d'étrangers. L'avidité excessive des aubergistes et des maîtres de poste est encore une des grandes raisons qui empêchent, même les habitans du pays, de voyager en poste. De nombreuses diligences, qu'on nomme *berlines* où *cabriolets*, parcourent toutes les routes de la France. Elles sont, en général bien suspendues, et vont pour le moins aussi vîte que les voitures de poste. Un voyageur qui aime ses aises peut prendre deux places au lieu d'une, ou même retenir pour lui seul toute la diligence, si bon lui semble ; et il dépensera encore moitié moins que s'il voyageait dans sa voiture. Il trouve par-tout une bonne table, et pour un prix modique. Le conducteur se charge de la dépense, et prend soin de tout ; le voyageur n'a rien à démêler avec les postillons, et n'entre pour rien dans les réparations de la voiture. Je conseille à toutes les personnes de notre pays de laisser leurs voitures sur la frontière, sur-tout si, comme moi, elles les ont achetées à Berlin ; car on y emploie de si mauvais fer, et les routes de France sont si dures, qu'on est obligé de s'arrêter à tous momens pour y faire des réparations ; et les maréchaux ne sont pas honteux de vous demander jusqu'à trente francs pour une vis ou pour tout autre petit morceau de fer (1). Vous me pardonnerez ces détails, en faveur de l'utilité dont ils peuvent être pour des voyageurs sans expérience.

Je termine par une remarque importante. J'ai vu, à Montargis et en d'autres endroits, des poteaux placés de manière qu'ils ne puissent échapper aux regards, et portant cette inscription : *Citoyens , respectez les propriétés ;*

______

(1) Ceci est ridicule à tel point, qu'il est inutile d'y répondre ; mais cela peut servir du moins à donner une idée de la véracité de cet *illustre* voyageur.

elles sont le fruit de l'industrie. Est-ce encore là un reste de la révolution? ou pense-t-on qu'une telle recommandation soit nécessaire? Alors, tant pis (1).

(1) On sera à même de remarquer, dans le cours de cet ouvrage, que l'auteur ne laisse échapper aucune occasion d'adresser quelque reproche aux Français, ou de faire quelque réflexion désobligeante sur les choses en général et sur les individus, de quelque classe qu'ils soient: et c'est là l'homme que l'on a fêté, recherché, et qui a reçu partout un accueil obligeant et flatteur que certe il était loin de mériter, sous quelque rapport qu'on l'envisage!...... Quand donc les Français, les Parisiens sur-tout, cesseront-ils de s'enthousiasmer à tort et à travers pour ces personnages si vantés au-dehors, tandis que dans leur pays, ils sont souvent inconnus ou ignorés, ou même décriés; pour ces artistes ou littérateurs dont tout le mérite consiste bien souvent dans une terminaison en *i*, en *o* ou en *u*? Lorsque nous pouvons citer avec orgueil cent noms fameux dans la littérature, les sciences et les arts, pourquoi prodiguons-nous si légèrement à des étrangers qui croient bonnement que nous ne faisons que leur rendre un hommage bien légitimement dû, et que nous ne pouvons refuser à la supériorité de leurs talens; pourquoi, dis-je, leur prodiguons-nous un encens qui devrait être exclusivement réservé à ceux de notre nation? Conservons cette attitude noble, cette dignité, qui conviennent à un peuple qui ne reconnaît de maître dans aucun genre; montrons-nous affables, gais, prévenans, affectueux envers tout le monde; que les étrangers sur-tout soient

En venant de Lyon à Paris, cette immense cité se présente magnifiquement, parce qu'on arrive par une hauteur à peu de distance, et que de là on découvre un vaste demi-cercle, terminé par Montmartre et les collines environnantes, qui semblent couronner ce prodigieux amas de maisons. En venant de Strasbourg, au contraire, on ne s'aperçoit qu'on est à Paris qu'en se trouvant au milieu de ses rues sales et dégoûtantes, ce qui en donne d'abord une idée désavantageuse aux voyageurs

---

accueillis chez nous avec cette politesse aimable et recherchée qui a toujours distingué le Français; mais point d'adulation, point de ces éloges outrés et ridicules que nous ne prodiguons aux autres qu'aux dépens de notre amour-propre et de la juste admiration que nous devons à ceux de nos compatriotes qui ont acquis des titres à la célébrité.

CHAPITRE II.

Les rues de Paris décrites en quatre lettres à une dame (1).

LETTRE PREMIÈRE.

CHÈRE AMIE ! le proverbe *Dis - moi qui tu hantes, je te dirai qui tu es* est susceptible de beaucoup de modifications : car il n'y a que l'homme tout-à-fait indépendant qui soit à même de se choisir des amis à sa fantaisie ; mais je serais tenté de naturaliser en France un autre proverbe allemand : *Dis-moi*

______

(1) J'aurais pu, sans faire tort au lecteur, supprimer entièrement ce chapitre ; car, malgré les nombreuses coupures que j'ai faites, il n'y trouvera presque rien qui n'ait été décrit plus agréablement et avec infiniment plus de justesse, de goût et de gaieté dans les deux *Tableaux de Paris*, par Mercier ; dans les *Essais* de Saint-Foix, dans les *Curiosités de Paris*, par Dulaure, etc; mais j'ai été bien aise de mettre les Français à même de juger l'incivil étranger qui croit, dans sa ridicule présomption, que sa lourde critique va changer l'opinion de l'univers.

comme ta chambre est arrangée, et je te dirai quel homme tu es.

A quoi tend cet exorde ? le voici : la capitale étant pour ainsi dire l'intérieur du ménage de la nation, si je réussis à vous faire connaître un peu plus particulièrement le Paris *d'aujourd'hui*, je croirai vous avoir donné une idée à-peu-près juste d'une partie de cette même nation. Venez donc avec moi faire un tour dans les rues de Paris ; vous n'en serez pas fâchée. Aucun étranger ne devrait négliger cette promenade ; car les quais, boulevards, etc., offrent, du matin jusqu'au soir, le spectacle le plus divertissant. J'ai bien souvent employé mes loisirs à m'y promener à pied ; je me suis arrêté par-tout où j'ai vu se former des groupes ; j'ai regardé, entendu, observé, bâillé même si vous voulez ; mais enfin je me suis beaucoup amusé, et assez souvent même j'ai déposé un petit grain d'expérience dans le fond de ma mémoire : suivez-moi donc hardiment.

Voilà une roue de fortune en verre, n'en soyez pas surprise ; les extrêmes se touchent. La nation la plus éclairée de l'Europe paraît en même temps la plus superstitieuse ; à tous les coins, dans toutes les extrémités de la ville, vous trouverez des hommes rusés qui, sous diverses formes et de mille manières différentes, attirent les passans pour leur annoncer infailliblement les numéros qui sortiront au tirage prochain de la loterie ; et toujours ces faux prophètes sont environnés d'un cercle nombreux d'auditeurs et d'un essaim de curieux, dont les plus crédules se laissent séduire par les brillantes promesses de ces charlatans. Deux sous sont le prix ordinaire de ces prophéties infaillibles. Là, un autre a dressé une espèce de table avec des caractères mobiles : vous lui dites la lettre initiale de votre nom, aussitôt il la tire de sa place, et une petite case appliquée par derrière renferme tout ce que vous desirez savoir. Un troisième a trouvé cette manière de prophétiser trop simple. Regardez cette table sur laquelle toutes sortes de petites figures se tournent, poussées par un mécanisme intérieur ; au premier aspect on ne la prendrait pas pour le sanctuaire d'un prophète de loterie ; mais bientôt vous apercevez, au-dessus des marionnettes, un zodiaque attaché à la colonne qui traverse la table. Plus haut vous découvrez un autre cercle, qui porte les 90 numéros. Désignez maintenant avec le doigt celle de ces marionnettes qui vous paraît posséder le mieux la science divinatoire ; par exemple, cet *Empereur turc* qui vous menace si majestueusement de son sceptre ; aussitôt toutes les figures se mettent à courir ; le zodiaque, les numéros tournent, le rouage se démonte, l'*Empereur turc* s'arrête, et vous indique avec son sceptre le mois d'août, au-dessus duquel on lit le numéro 78. Rien de plus naturel et de plus sûr ; vous mettez ces numéros au mois d'août, et vous êtes à-peu-près certain... de perdre votre argent. Vous souriez de pitié en voyant des hommes se livrer aussi sérieusement à ces jeux d'enfant! Eh, mon Dieu! n'est-ce pas ainsi que des êtres prétendus raisonnables écoutent chaque jour les rêveries d'un philosophe qui, du haut de sa chaire, soulève gravement à leurs yeux éblouis le rideau de l'avenir, comme un autre déroulerait une feuille de papier?

Passons là-bas, où brille cette inscriptions pompeuse : *La Chaîne d'or de la Destinée.* Cette chaîne magnifique, composée de quatre-vingt-dix espèces de cartouches en papier doré, est montée sur une roue qu'un aveugle fait mouvoir : vous choisissez une de ces cartouches ou tiges, l'aveugle l'ouvre, et le numéro qu'elle renferme fait encore une fois votre bonheur. Mais si vous ne voulez pas absolument vous enrichir à la loterie, vous aurez du moins la curiosité de savoir votre sort futur, même le passé, si vous le desirez. C'est auprès du Pont-Neuf que vous le verrez, cet homme étonnant, qui s'annonce comme

privilégié par la police. A la vérité, il
a voué son talent principalement à la
loterie (*parce que les hommes aiment
beaucoup mieux gagner de l'argent que
de connaître l'avenir*); mais en même
temps, si vous le desirez, il vous ouvre,
pour deux sous, le livre du destin : alors
il vous apprend, avec une facilité, une
volubilité, qui tiennent du prodige, tout
ce qui vous est arrivé, et tout ce qui
vous arrivera. Que vingt et trente personnes de tout état, âge ou sexe, lui
adressent à-la-fois la parole, cela ne le
dérange pas le moins du monde ; il fixe
l'une après l'autre, lit dans les yeux et
dans toute la physionomie, parle à chacun environ deux minutes, garde avec
tous un sérieux imperturbable, s'énonce
avec élégance, ne se répéte pas (j'y
suis resté à-peu-près une demi-heure),
n'hésite et ne balbutie jamais, fait à la
fin une légère révérence, ne demande
rien, s'adresse au suivant, prend ce que
le premier lui glisse dans la main, et le
met dans sa poche sans le regarder et

sans mot dire. Dans une autre situation,
cet homme serait certainement devenu
un habile orateur. Ce qu'il y a de plus
plaisant dans tout cela, c'est la figure de
ceux qui le consultent : une haute dévotion, une résignation parfaite, et une
croyance inébranlable, se peignent visi-
blement dans tous leurs traits. J'ai vu
plus d'une fois les assistans, muets d'é-
tonnement, regarder avec un air stupide
l'oracle qui prononçait sur leurs desti-
nées, et plus d'une femme le quitter
les larmes aux yeux, quand, par sa
manière de parler toujours en équivoques (sur-tout en ce qui concerne le
passé), il avait, par hasard, approché
de la vérité. Les mêmes Parisiens qui,
peu d'années auparavant, promenaient
la déesse de la Raison sur leurs épaules,
croient maintenant aux prophéties, et
environnent par centaines le premier
charlatan qui veut bien se donner la peine
de les attraper (1). D'où cela vient-il ?

______

(1) Tout charlatan qu'il est, M. Kotzebue ne les
attrapera plus.

de ce que le Français est inépuisable en
tournures polies et agréables , qui ne
manquent jamais leur effet sur les auditeurs, quoiqu'en général on sache à quoi
s'en tenir sur leur sincérité. Voilà un
homme qui fait tourner un jupon de pou-
pée sur le bout de l'index; bientôt on en
voit sortir un *diablotin;* alors notre escamoteur élève brusquement la main vers
le ciel, et s'écrie : «Le voilà qui s'envole »!
Il assaisonne cette platitude d'une manière tout-à-fait agréable , par un récit
piquant et circonstancié de tout ce que le
diablotin verra en planant au-dessus de
Paris; tantôt ce sont les chaloupes canon-
nières, dont il fait une description *fasti-
dieuse et emphatique* ; tantôt c'est une
jeune fille qui vient de sortir du lit, et à laquelle il prête tous les charmes possibles.
Quelque riche que soit la matière que
pourrait lui fournir encore son *Diable
volant* (imitation du *Diable boiteux*),
il s'arrête tout-à-coup pour varier la
conversation , fait entrer dans le cercle
un petit garçon âgé de dix ans environ ,

lui pose la main sur la tête, et lui demande d'un ton grave, s'il est marié ; le petit bonhomme ébahi, regarde et dit : Non. « Jure, continue le farceur « d'une voix de Stentor, jure que tu n'es « pas marié ». Il fait lever la main à l'enfant, qui jure. « Eh bien ! je te ren- « drai heureux ». Il lui donne alors une boîte dans laquelle il promet de faire entrer par enchantement autant de louis qu'il en voudra. Mais avant de commencer ses jongleries, il s'adresse fort galamment au public : « Vous pourriez « demander, messieurs, pourquoi avec « cette facilité de faire de l'or, je ne me « rends pas heureux le premier ? c'est « que je le suis déja. Tout ce que je fais « ici, n'est absolument que pour avoir « l'honneur de contribuer à votre amu- « sement ». Après cela la boîte se remplit d'or, du moins elle devient aussi pesante dans sa main que si l'or y était ; à la vérité, l'on n'y trouve en l'ouvrant qu'une pierre. Mais est-ce la faute de l'artiste si le petit bonhomme est né hors

le mariage, et si sa mère a été une fille
de mauvaises mœurs ? Il assure, d'un
air rusé, « que cela n'arrive que très-
« rarement à Paris », et passe lestement
à un autre objet. Toutes ces farces sont
faites pour le peuple, mais elles sont
exécutées avec décence, et ne manquent
pas d'esprit. Convenez, ma chère amie,
que la nation dont la populace rit de
bon cœur de ces facéties a devancé dans
sa culture beaucoup d'autres nations.
Mais passons à son voisin. Celui-là épie
soigneusement le moment où le bel esprit que nous venons de quitter reprend
haleine ; alors il s'écrie bien vîte : « Mes-
« sieurs, pendant que mon voisin se
« repose, permettez que je vous fasse
« voir une expérience des plus cu-
« rieuses ». Sans attendre la réponse, il
présente une petite cassette dans laquelle
il fait tirer des demandes qui se rapportent à l'argent, à la santé, à la fidélité ou à l'infidélité de l'objet aimé, à
l'espérance de postérité, etc. Tandis que
l'on prend ces demandes dans la cas-

sette, le magicien se tient dans l'éloignement pour prouver qu'il n'a pas
besoin d'en connaître le contenu. Après
cela, on reçoit de lui, moyennant deux
sous, premièrement, la réponse à la
demande; deuxièmement, un caracté-
ristique parfait de celui qui demande,
et dans lequel lui sont comptés son
tempérament, ses défauts, et ses vertus,
avec de bons conseils pour sa conduite
future; troisièmement enfin, les cinq
numéros qui sortiront au tirage prochain
de la loterie; le tout imprimé sur du
papier assez blanc. En vérité, je ne
conçois pas comment cet homme, avec
les dépenses qu'il est obligé de faire,
peut tirer de ses pauvres deux sous assez
de profit pour gagner sa vie. Je fais
souvent cette réflexion en me promenant. Par exemple, voilà un homme
qui offre à tous les passans les règles du
jeu de piquet imprimées. La brochure
est de deux feuilles, je ne vois pas un
individu sur mille qui la lui achète;
cependant je le trouve depuis quinze

jours à la même place, et il vit. Ecoutez cette petite fille qui tous les soirs s'en-rhume à force de crier : « Cinquante « cure-dents pour deux sous » ; elle a un très-faible débit de sa marchandise ; elle est laide, personne ne lui achète, et pourtant elle existe. Voyez cette vieille femme qui, d'une voix rauque, lit sur une petite feuille de papier brouillard ce qui s'est passé dans la dernière séance du conseil d'état : à peine a-t-elle fini que sa voisine, plus vieille encore, ouvre une grande bouche édentée, et répand un torrent d'éloquence imprimée sur la perfidie des Anglais, en montrant les gravures qui ornent sa feuille, et dans lesquelles le roi d'Angleterre est fort maltraité. On entend *gratis* l'élocution agréable de ces deux femmes, on achète leur feuille pour un sou, et elles existent ! Passons de ces figures de sorcières à cette jeune fille rondelette et jolie qui est debout devant une petite table garnie d'une demi-douzaine de chandeliers d'étain ou plaqués, et tous très-sales ;

elle tient à la main un chiffon de laine, qu'elle trempe dans une poudre rouge, et pendant qu'elle rend aux chandeliers leur premier poli, elle vante avec une grande volubilité la vertu merveilleuse de sa poudre. Elle demande les dés et les boucles des spectateurs, et les remet à neuf; elle promet même de faire disparaître les taches de la figure avec sa poudre; mais je n'ai vu personne qui voulût lui prêter son visage pour cette expérience. Un militaire passe, il lui montre une cicatrice sur la joue, et lui demande en riant, si elle pourra faire passer aussi celle-là. Elle répond qu'oui, et lui promet à ce sujet une visite sur la brune. Mais que veut ce matelot avec son microscope? où a-t-il donc trouvé cette vieille machine mal-propre, et raccommodée avec un fil de fer? Que fait-il voir à travers? — Une puce. — Et cela coûte? — Un sou. — Approchons un moment de cette boutique : l'inscription pompeuse qui la décore annonce

une merveille : « Qui veut voir, s'ap-
« proche et regarde » ! Qu'est-ce donc?
Une puce qui traîne un éléphant ; une
puce qui fait marcher un carrosse à six
chevaux rempli de monde; une puce à
la patte de laquelle on a attaché une
boule de métal, au moyen d'une chaîne
d'or, et qui saute gaiement malgré son
fardeau. Tout cela est vrai. On conçoit
difficilement qu'un homme se soit donné
la peine de faire, avec une finesse admirable, des éléphans, des voitures, et
des chaînes en or, pour y attacher une
puce (1). Mais ce qu'il y a encore de

----

(1) Je suis surpris qu'en sa qualité d'historien véridique
et d'observateur exact, M. Kotzebue ne parle pas de la
manière dont on nourrit ces petits insectes, car elle n'est
pas moins originale que le reste. Quand par hasard une
de ces puces se trouve fatiguée ou de mauvais humeur,
et refuse de faire son service, la femme qui les montre
s'adresse aux curieux, et leur dit : « Messieurs, la grande
affluence que ce spectacle merveilleux et unique en son
genre attire chez nous ne permet pas à mes puces de
prendre un instant de repos ; permettez qu'elles se res-
taurent un moment, je vais leur donner à dîner, ensuite
vous les verrez travailler sur nouveaux frais. Le désir de
vous plaire leur donnera de nouvelles forces, et vous

plus plaisant, et ce qui prouve une invention non moins bizarre, l'artiste montre aussi deux mouches qui se battent à l'épée. Voilà comme il s'y est pris. Deux mouches sont attachées perpendiculairement à deux épingles fixées derrière leurs ailes, de sorte qu'elles tendent les pattes en l'air. Après les avoir placées l'une vis-à-vis de l'autre, et de bien près, on leur donne une petite boule de liège à laquelle est attaché un brin de paille. Aussitôt que cette boule touche

---

aurez lieu d'être pleinement satisfaits de leur adresse ». A peine a t-elle fini cette éloquente péroraison, qu'elle relève les manches de sa robe jusqu'au dessus du coude, et dépose sur son bras, blanc comme l'albâtre... oriental, quatre ou cinq de ces pensionnaires affamées, qui, sans se le faire répéter deux fois, la piquent vigoureusement, et la sucent pendant quelques minutes. Cette femme tient son bras tendu pour faire admirer à l'assemblée ce spectacle piquant, et supporte cette espèce de supplice avec un courage et une résignation vraiment comiques. Enfin, quand elle présume que le repas doit être terminé, elle remet sur la table ces petites bêtes, qui remplissent à merveille les promesses qu'on a faites en leur nom ; on les voit en effet s'évertuer à qui mieux mieux, et cabrioler à n'en plus finir pendant une heure ou deux.

4.

leurs pattes, elles la saisissent pour s'y tenir; par ce mouvement la boule tourne, et le brin de paille s'agite vers l'ennemi. Comme celui-ci en fait autant de son côté, les deux brins de paille se touchent souvent comme deux épées, et voilà le duel des mouches. Tout près de cette salle d'armes, on vous invite à faire en quelques minutes un voyage de quelques centaines de lieues sur des chevaux mécaniques. Vous souriez d'un air moqueur, mais vous n'entrez pas moins. A peine la vieille toile qui ferme la baraque s'est-elle levée, que l'on découvre du premier coup - d'œil que ce n'est rien autre chose qu'une espèce de carrousel qui se distingue des autres par cette circonstance qu'il ne faut personne pour le tourner, et que le cavalier, en tirant fortément la bride, met la roue en mouvement, et par conséquent se fait tourner lui-même avec une grande vîtesse. Cette bagatelle nous a coûté quatre sous.

Mais je vois que cette promenade vous

a fatiguée (1). Si le beau temps continue nous la reprendrons demain, car je vous assure qu'il nous reste encore bien des jolies choses à voir.

***

LETTRE DEUXIÈME.

CHÈRE AMIE, le temps est superbe aujourd'hui, nous continuerons notre promenade : les objets ne seront pas toujours aussi rians, et je ne vous garantis pas que quelquefois une larme ne tombe de votre paupière.

Voilà déja un pauvre aveugle ; que son chant est simple et touchant ! A ses côtés est couché son conducteur, son chien fidèle, qui secoue de temps en temps sa triste clochette. A deux pas de lui est un autre aveugle, qui apparemment ne sait pas chanter : au défaut

(1) Le lecteur l'eût été bien davantage, si je ne lui eusse fait grace de la moitié des réflexions oiseuses que suggère à M. Kotzebue la chose la plus simple ou la plus insignifiante.

de cela, il a devant lui une espèce d'é-
chaffaudage auquel sont suspendues plusieurs petites cloches de différens sons,
et qu'il met en mouvement avec des fi-
celles. Il ne demande pas hautement,
mais de temps en temps il met la main
dans le chapeau qui est auprès de lui,
pour savoir s'il a passé là quelque homme charitable; hélas! il ne la retire que
trop souvent sans avoir rien trouvé.

Nous n'irons pas loin pour rencontrer
un autre malheureux qui est encore
privé du plus précieux de ses sens : il
est assis sur le boulevard, devant un
mauvais piano sur lequel il tappe une
sonate de toutes ses forces ; jamais les
auditeurs ne lui manquent, mais la petite coupe de fer blanc attachée à son
instrument retentit rarement du don de
la compassion.

A peine avons-nous quitté celui-là
que nous en trouvons encore un autre
qui cherche à toucher les cœurs par les
sons d'un violon discordant. Il joue en
marchant; son chien, qui le mène avec

la plus grande précaution, est attaché
par une petite chaîne à un bouton de
sa veste. Cependant je fus une fois témoin que ce malheureux, dans sa sécurité, manqua d'écraser, contre un
mur, toute sa richesse, sa tête et son
violon, dans un coin où son pauvre
squelette de chien, attiré par l'odeur
d'un os, l'avait conduit.

Mais parmi cette foule d'aveugles qui
parcourent les rues en chantant, en
jouant ou en sonnant, il n'y en a pas
qui rassemblent plus de curieux que
deux joueurs de piquet; ils jouent toute
la journée, non pas pour gagner l'argent
l'un de l'autre, mais pour en recevoir de ceux qui les regardent. Avec
quelle finesse de tact ils savent reconnaître les cartes en les tâtant! Pour peu
qu'il connaisse ce jeu, chaque passant
s'y intéresse pendant quelques minutes,
et le soir ces malheureux ne se lèvent
jamais sans avoir gagné quelque chose.

Mais éloignons-nous des aveugles,
dont l'aspect ne peut qu'affliger ceux

qui voient, quoique la plupart des Parisiens, endurcis sans doute par l'habitude de les rencontrer-par-tout, passent auprès d'eux avec la plus froide indifférence. Le plus souvent ce sont des femmes d'un certain âge, et que je prenais pour des cuisinières, à en juger d'après le panier qu'elles avaient au bras, que j'ai vues leur donner l'aumône; peut-être cherchaient-elles à faire taire les reproches de leur conscience pour avoir fait danser l'anse du panier (1). Approchons-nous plutôt de ce *sorcier musicien*, qui, par son habileté rare, mérite véritablement d'être admiré. Il exécute, à lui seul, une *symphonie* concertante sur cinq instrumens à-la-fois. D'une main il tient un flageolet double à deux embouchures, dans lesquelles il souffle alternativement, souvent dans toutes les deux ensemble; de l'autre main il joue de la harpe avec assez de facilité; d'un pied il bat le tambourin, et avec les doigts de l'autre il joue des castagnettes.

(1) Oh, le malin !

C'est un assez bel ensemble ; mais le pauvre homme se fatigue au moins autant que mademoiselle Maillard de l'Opéra (1), et pourtant on ne lui jette que rarement une chétive pièce de deux sous.

Ne passons pas devant cet autre, làbas, sans jeter quelque petite pièce d'argent dans son assiette. A la vérité, la manière dont il joue de la harpe n'est pas très - engageante, mais la pauvre jeune fille qui près de lui chante les yeux baissés mérite, à coup sûr, une aumône. Ses regards fixés vers la terre semblent dire : *Je chante, il est vrai ; mais mon père n'a pas de pain.*

Ces deux enfans qui chantent en duo

____

(1) Ceci n'est point une comparaison, c'est une sottise. J'ai dit plus haut que deux ou trois personnes seulement avaient été exceptées de l'effrayante proscription à laquelle tous les artistes dramatiques de Paris ont été condamnés par M. Kotzebue, et, d'après le goût qui distingue ce *grand* homme, il est tout simple que mademoiselle Maillard **y** soit comprise ; mais qu'elle se console ; elle est amplement vengée de cette injure par le suffrage des gens de goût, et des amateurs de la belle musique de Gluck, qu'elle fait si bien valoir.

4*.

sur ce pont produisent justement l'effet contraire. Les paroles de leur chant tou-cheraient les cœurs; si ces enfans ne criaillaient pas d'une manière aussi dis-cordante, et ne regardaient pas de tous côtés avec l'air le plus effronté. Leur aspect et leurs plaintes ne produisent que cette pensée : *Un jour ils seront des vau-riens.*

Je connais un groupe d'enfans mieux calculé, que je ne vous ferai pas voir, parce qu'il déchire le cœur. Dans la rue Vivienne, j'ai vu, pendant plus de trois semaines de suite, trois pauvres enfans couchés dans la boue ; le plus âgé d'en-tre eux, ayant environ dix ans, était assis contre le mur, et tenait dans ses bras une autre créature couverte de hail-lons, âgée de trois ans au plus, et qui ne faisait que gémir. A ses côtés était étendue une troisième figure de misère, d'à-peu-près cinq ans. Ces enfans ne mendiaient pas, mais on lisait sur un papier posé à terre, et à peine éclairé par un petit bout de chandelle, ces mots simples et touchans : *Nous n'avons ni père ni mère.* Rarement quelqu'un passait sans s'attendrir, et comme la rue est très-passagère, la récolte était toujours abondante. J'ai remarqué avec plaisir que particulièrement les soldats donnaient, et donnaient beaucoup. Un soir j'en vis un qui était profondément ému ; il portait deux grandes moustaches noires qui contrastaient singulièrement avec l'expression de sa figure. A la faible clarté que répandait sur nous le triste luminaire de ces malheureux orphelins, je crus voir briller quelques larmes dans les yeux de ce brave militaire ; mais en descendant le long de ses joues, elles se perdaient à travers les énormes moustaches qui les couvraient de leur ombre. Il regarda pendant quelque temps, en silence, le groupe étendu à ses pieds ; le plus petit poussait alors des cris plus douloureux encore, parce qu'il avait froid. Aussitôt le brave soldat met la main dans sa poche, et donne au plus âgé deux pièces de douze sous, sous la condition de porter tout de suite l'enfant à la maison, et de le réchauffer. Il lui répéta cette condition trois ou quatre fois, et se le fit promettre autant de fois par le petit garçon. Alors il me vit en se retournant. Vous êtes père, à ce qu'il paraît? lui dis-je. Oui, monsieur, me répondit-il d'un ton assez dur; et il s'éloigna promptement. Je restai encore un moment pour voir si le garçon emmenerait son petit frère, comme il l'avait promis; mais il ne le fit pas.

Je suis fâché que la police tolère de tels spectacles: il me paraît presque impossible que la santé de ces pauvres enfans n'en soit pas altérée.

Il est rare à Paris qu'un mendiant vous aborde; de temps en temps seulement on entend derrière soi chuchotter ces mots : *Monsieur, je meurs de faim.* Pour l'ordinaire, les pauvres cherchent à se procurer une espèce de droit à la compassion et à la générosité des passans. L'un court le balai à la main quand vous voulez traverser une rue sale, et vous

ouvre un passage au milieu de la boue;
l'autre profite d'une averse qui remplit
d'eau le milieu de la rue, il met une
planche commode en travers du ruisseau pour aider les passans. Il juge de
ceux qui peuvent ou doivent lui donner
quelque chose d'après leurs habits ; tous
ceux qu'il croit pauvres peuvent passer librement, tandis qu'au contraire il pousse
la galanterie jusqu'à offrir sa main aux
jolies femmes pour les faire traverser
plus aisément.

Mais il ne pleut pas à présent, et
j'oublie que nous nous promenons pour
observer le tumulte et la confusion qui
règnent dans les rues.

Voyez-vous ce cercle? On dirait qu'il
se passe là quelque chose de bien im-
portant. Un vieux gaillard, peut-être un
danseur de corde, a appris à quelques
polissons de la rue à faire des culbutes.
Deux de ses élèves semblent lui être
échappés ; et, résolus de faire le métier
pour leur propre compte, ils ont étendu
là-bas, au coin de la rue, un vieux mor-

ceau de tapis troué à tel point qu'à peine les lambeaux tiennent encore ensemble ; ils ont tâché de transformer leurs propres haillons en costume de danseur de corde ; l'un se roule sur le tapis, tandis que l'autre s'efforce d'imiter les plaisanteries insipides d'un paillasse. Cet autre, avec ses gobelets, ne mérite pas plus d'attention ; c'est un escamoteur ordinaire.

Mais passons un moment derrière ce rideau, vous n'en serez pas fâchée ; vous y trouverez un être femelle d'une conformation singulière, et auquel la nature a fait don du plus bel ornement de l'homme : vous y verrez une jeune fille qui porte une barbe longue, noire, et épaisse comme celle d'un capucin. Il n'y a pas de supercherie là-dedans, je l'ai examinée, même *de très-près*. Cette fille n'a pas encore trente ans ; ses yeux chassieux sont ombragés par une paire de sourcils extrêmement touffus et noirs. Figurez-vous ce visage si richement décoré, sous un turban blanc, mais bien salle, deux mammelles énormes qui contrastent singulièrement avec sa barbe noire, les bras, les pieds, la nuque, tout-à-fait velus, et certe, cette figure ne vous paraîtra pas trop séduisante. Sans la gorge formidable qui la distingue, et sa voix criarde, on ne croirait jamais se trouver avec une femme. Celui qui la montrait la disait native de Norwège, cinq cents milles derrière Bergen. Je me donnai pour Danois, et lui parlai sa langue natale ; ce qui embarrassa fort la pauvre enfant à la longue barbe. « J'ai été amenée en France à l'âge de trois « ans », me répondit-elle avec l'accent ordinaire des Parisiens.

Éloignons-nous de cet objet, chez lequel la bizarrerie de la nature a joué un vilain tour à la beauté du sexe ; promenons-nous plutôt un peu par-ci par-là, pour jeter un regard fugitif sur les divers objets de l'industrie et du luxe. Nous trouverons souvent les choses les plus hétérogènes les unes à côté des autres. Ici l'on vous offre un panier rempli de petits chiens de toute espèce ; là, est une petite boutique ambulante, sur laquelle sont étalés différens petits meubles fort jolis et d'un usage habituel ; tout cela se vend dix-huit sous la pièce ; dans cette autre, tout se vend vingt-cinq sous. Vous y trouverez en effet des objets que vous n'imagineriez pas que l'on puisse vendre à un prix aussi modique. A côté, vous voyez, sur un drap étendu, un énorme tas de brochures de toute espèce : « Achetez, messieurs, crie le « marchand, à six sous la pièce ». Un autre qui lui porte envie, et qui cherche à lui enlever ses chalands, crie son tas semblable à quatre sous la pièce. En effet, ce ne sont pour la plupart que des romans insipides et incomplets; mais j'y ai souvent trouvé de bonnes choses par exemple , des tomes séparés des *Lettres de madame de Sévigné*, etc. Si l'on voulait prendre le temps et la peine de fouiller jusqu'au fond du tas, on pourrait, pour quelques livres d'argent, ramasser une collection assez intéressante. Plus commodément exposés, mais plus chers aussi, quoique encore à très-bas prix, vous voyez de vieux livres sur le parapet du Pont-Neuf et sur plusieurs quais : on y trouve souvent les ouvrages les plus précieux, complets, très-bien conditionnés, et à des prix très-modiques.

Je m'aperçois que ce magasin superbe d'orfévrerie attire vos regards : vous avez raison ; vous ne trouverez, ni à Ausbourg ni à Vienne, de plus beaux ouvrages en ce genre. Ce n'est qu'à Pétersbourg, dans la fabrique du conseiller d'état Buch, que j'ai vu des chefs-d'œuvre qui pourraient entrer en comparaison avec ceux-ci. C'est réellement avec peine que l'on passe là sans rien acheter ; en voyant tant de belles choses, on est presque tenté d'envier le sort des riches. N'y remarquez-vous rien qui soit propre à caractériser le moment dans lequel nous vivons ? Cette fenétre, garnie du haut en bas de *ciboires*, n'est-elle pas une preuve que cette marchandise a un grand débit actuellement ? Enfin, qui a gagné au bouleversement momentané de la religion ? personne que les orfèvres (1).

Voyez vous cet homme qui expose une grande quantité d'animaux empaillés ? il a réellement atteint le plus haut degré de son art ; là , tout semble vivre et se mouvoir. Vous tendez la main pour arracher à ce renard la poule qu'il emporte dans sa gueule ; vous souffrez de voir ce milan qui a enfoncé ses serres dans le corps de cette jolie grive ; vous vous arrêtez avec plaisir devant cette cabane de serins de Canarie, pour voir comment la femelle donne à manger à ses petits. Vous souriez à ce beau barbet, qui porte une lanterne dans sa gueule ; vous diriez qu'il s'arrête pour attendre son maître , qu'il éclaire. Une grande

---

(1) Il n'est permis qu'à un étranger qui n'est pas venu en France depuis treize ans , d'ignorer ou de feindre d'ignorer les heureux effets du rétablissement de la religion , soit sous le rapport de la politique , soit sous celui de la morale ; mais je suis certain qu'il est bien peu de Français qui ne conservent dans leur ame un sentiment de reconnaissance pour les auteurs de ce bienfait, et qui ne haussent les épaules en lisant la plate épigramme de M. Kotzebue.

foule d'oiseaux séparés, décore le fond
de la boutique. Cet art joli offre à celui
qui possédait un chien fidèle, un oiseau
chéri, ou quelque autre animal auquel
il était attaché, la consolation d'en jouir
encore, en quelque sorte, après l'avoir
perdu : pour une bagatelle on lui conserve cette enveloppe mensongère. En
effet, le prix de ces objets d'art est très-
modique : l'empaillage d'un petit oiseau
par exemple, ne coûte que trois livres
(dix-huit gros) quand on fournit l'oiseau, autrement on paie quelque chose
de plus, selon la rareté de l'animal.

Entrons dans ce beau magasin de
meubles, où le bon goût se trouve réuni
à tout ce que le luxe peut offrir de plus
brillant et de plus riche. Visitons ce
magasin de porcelaines, où l'or et les
couleurs les plus vives brillent sur ces
vases transparens, qui forment les groupes les plus variés.

N'écoutez pas cette femme qui voudrait vous persuader qu'en prenant son
dernier billet de vingt-quatre sous vous

gagnerez demain 75,000 liv. à la loterie,
et terminons notre tournée par une promenade sur le quai de l'Ecole.

Passons ces cafés, ces restaurateurs,
quelque engageantes que soient les inscriptions qui se lisent en gros caractères
sur les portes vitrées et les fenêtres :
*Déjeûners chauds et froids , à la four-
chette ; rhum , rack , punch , fromages
glacés , café à la créme , chocolat , etc.,*
rien de tout cela ne nous tente : prenons
ce chemin-là, et remontons le cours de
la Seine. Voyez à gauche ces belles maisons, où une boutique touche l'autre,
où les marchandises de toutes les parties
du monde sont exposées avec profusion.
Quel bizarre assemblage! des hommes
bien et mal vêtus, des voitures élégantes,
des fiacres , d'énormes charrettes qui
accrochent en passant un cabriolet léger,
et le culbutent , etc. Jetez un regard à
droite, sur la rivière, toutes les blanchisseuses de l'univers semblent s'être donné
rendez-vous ici; vous les voyez rangées
des deux côtés sur de longs bateaux

couverts, battre impitoyablement les pièces de linge, qu'elles entassent après en grands monceaux. Comme elles lèvent en l'air leurs bras charnus! comme elles battent! et malgré cela on n'entend que très-peu leurs coups de massue, parce que la douce éloquence de leurs lèvres en amortit le bruit.

Ce qui manque peut-être en beauté à ces groupes, est remplacé par les différens bains que l'on voit de tous les côtés sur la Seine, et parmi lesquels ceux de Vigier se distinguent particulièrement. Cependant leur arrangement intérieur ne surpasse, ni en élégance ni en ordre, celui du bain-flottant que l'on voit à Berlin; au contraire, je lui préfère celui-ci. Les bains de Paris sont imposans par leur grandeur; quelques-uns sur-tout présentent un coup-d'œil charmant; car dans la belle saison on les entoure de fleurs et de jolis arbustes, pour leur donner une fraîcheur agréable et suave. — Montons un moment sur le nouveau pont, nommé le *Pont-des-Arts*. Le

plancher en est uni comme celui d'une
chambre, et comme il est destiné exclusivement au plaisir et à la commodité des piétons, le beau monde y
trouvera au printemps et à l'automne
une des plus belles promenades de
Paris. Un autre avantage est celui-ci :
comme il faut payer un sou pour y
passer, on est sûr de n'être pas molesté
par les mendians tout le temps qu'on
y reste, et l'on peut y rester tant que
l'on veut.

Par-tout la Seine offre le beau spectacle de l'activité et de l'industrie. Ici,
elle fait aller des moulins pour préparer
aux habitans leur nourriture principale;
là, elle amène des bateaux de charbon;
plus bas, l'eau est filtrée à travers des
toiles, dans des tonneaux, pour procurer
aux Parisiens un breuvage pur et salutaire. Ces sacs de bled que vous voyez
entassés les uns sur les autres; ces barils
de vin, elle les a également amenés sur
ses ondes.

Quelle est cette place? — Hélas ! c'est

la place de Grève (1), où autrefois le coupable seul expiait son crime, mais où, pendant la terreur, on a vu couler le sang de tant de victimes innocentes et courageuses. Voilà l'endroit où la guillotine fut long-temps en permanence. Là, au coin, cette lanterne formidable où périrent Foulon et beaucoup d'autres. Vous frémissez! Quittons ce lieu fatal, il nous rappelle des souvenirs trop douloureux.... Éloignons-nous, et allons chercher ailleurs des tableaux rians, sur lesquels notre imagination, agitée par ces sombres objets, puisse se reposer doucement.

LETTRE TROISIÈME.

CHÈRE AMIE! je vous ai parlé autrefois d'un portrait de Jésus-Christ, que l'on achetait sur les boulevards, pour un sou. Je veux vous faire connaître aujourd'hui une spéculation plus considérable. Vous trouverez sur ces mêmes boulevards une espèce d'affiche ornée

____

(1) Maintenant place de l'Hôtel-de-Ville.

de vignettes d'un genre très-commun,
mais qui n'annonce rien moins que *la
vie et les mœurs des nations de l'Europe*. Je croyais ne pouvoir connaître
les mœurs des nations de l'Europe qu'en
faisant de nombreuses recherches dans
plusieurs *in-folio* , mais le titre de
cette affiche excita ma curiosité, et j'eus
beaucoup de plaisir à lire la quintes-
cence des jugemens des Français et des
préjugés qu'ils ont, tant sur leur propre
compte que sur celui de leurs voisins (1).

Maintenant, s'il vous plaît, allons plus
loin, voir cette bibliothèque suspendue

---

(1) On conviendra que ce n'est pas dans un écrit de
cette nature qu'un véritable observateur devrait chercher les jugemens des Français , et ce qu'il appelle leurs
préjugés ; au reste, nous ferons grace à nos lecteurs de
ce recueil de jugemens portés sur les Allemands , les
Anglais , les Français , les Italiens et les Espagnols ,
comparés les uns aux autres sous tous les rapports possibles , tels que ceux-ci (il s'agit de la foi) : « L'Alle-
« mand est fidèle, l'anglais sûr, le Français léger, l'Ita-
« lien rusé, l'Espagnol trompeur ». On trouve pour deux
sous, sur les boulevards, cette feuille, que M. Kotzebue
s'est donné la peine de traduire, et qui occupe quatre
pages de l'original.

à des fils ; près de là est une tapisserie de musique, le long de laquelle on trouve les ariettes nouvelles et les petits duo des opéra français et italiens les plus connus. On y voit aussi les gravures des objets qui ont excité le plus d'attention dans Paris; par exemple, Fanchon la vielleuse; le beau tambour-major de la garde des consuls, avec sa barbe noire et épaisse ; le Mameluck du premier consul, magnifiquement habillé; naturellement le premier consul lui-même, sous mille costumes différens : on le voit sur-tout représenté l'épée à la main ; il replante la croix, et la Foi lui présente une palme. A côté de lui, les deux autres consuls. On y voit aussi la belle madame Récamier, le visage à demi-voilé. On y trouve également une foule de caricatures dans lesquelles le roi d'Angleterre est l'objet des sarcasmes des Français ; au reste on le leur rend bien de l'autre côté du canal, et non-seulement avec plus d'abondance, mais aussi plus spirituellement; car, il faut l'avouer, sur vingt caricatures francaises, à peine y en a-t-il une qui soit spirituelle (1). Ici l'on voit le roi entre son bon et son mauvais génie ; il se jette entre les bras du mauvais. Ailleurs, un Anglais est à cheval sur un coq-d'inde ; à la selle sont attachés des paniers remplis de bouteilles de vin, avec cette inscription : *l'attaque.* Le pendant de cette caricature est *la défaite ,* où le même Anglais est représenté se sauvant à cheval sur un cerf, et perdant son chapeau et sa pipe. Ici, c'est le duc de Cambridge qui part en poste en fouettant lui-même ses chevaux, et ayant derrière sa voiture un tonneau avec cette inscription : *Sang hanovrien.* Ailleurs, c'est une armée de grenouilles, dont le général-grenouille,

----

(1) Les Français avaient passé jusqu'à présent pour la nation la plus spirituelle ; mais, après des siècles, voilà M. Kotzebue, la verge à la main, qui arrive, critique, frappe à tort et à travers, par-tout et sur tout, s'imagine détruire en un moment cette réputation *usurpée,* et prétend nous forcer peut-être , pour devenir spirituels, à étudier , ou même à imiter, les plaisanteries fastidieuses et les plates facéties dont fourmillent ses ouvrages.

en uniforme anglais, est à cheval sur une écrevisse, pendant qu'un Français prend les grenouilles l'une après l'autre, et les coupe en deux avec son grand sabre. Ailleurs, un éléphant prend avec sa trompe le vase du roi, le jette dans un puits, où l'on peut lire ces mots : *Tu sauteras à la fin*. Une autre fois, Pitt va se promener à cheval avec le roi sur le rivage, et regarde les vaisseaux français qui arrivent. Dans un autre endroit, le roi saute par-dessus le canal, et perd sa couronne en sautant; ou bien il tient à la main beaucoup de papiers où sont écrits les noms des pays qu'il gouverne; comme ces papiers ne peuvent tenir tous dans sa main, il en perd quelques-uns. Déja le Hanovre est par terre, l'Irlande est près de tomber, et Malte va lui échapper. Ici les Anglais prennent la fuite devant un nuage de poussière qu'a fait enlever un troupeau de moutons. Là, Pitt exerce ses troupes, qui sont approvisionnées de têtes de sangliers.... Une des caricatures les

plus spirituelles pourrait être celle-ci :
Un bandagiste présente au roi un nouveau bandage sur lequel est écrit : *Observation des traités :* aux pieds du roi
sont deux autres bandages déchirés ou
rompus, avec l'inscription *Forces na-
vales* sur l'un, et *Levée en masse* sur
l'autre (1). Vous voyez qu'ici tout se
rapporte à la politique; il n'y a que quelques-unes de ces caricatures qui aient
rapport aux usages des Anglais.

Il est clair, d'après tout cela, qu'on ne
met point en doute la réussite de la descente en Angleterre, et si vous ne voulez pas croire le marchand d'estampes,
écoutez cet homme qui, entouré de cent
auditeurs attentifs, chante des couplets
dans lesquels il décrit, dans toutes ses
circonstances, ce qui doit arriver à la des-

____

(1) M. Kotzebue nous donne ici une preuve incontestable de la finesse de son tact et de son étonnante sagacité ;
cette caricature qui lui paraît la plus spirituelle est à-
peu-près inintelligible, elle est au moins regardée comme
une des moins signifiantes. Est-ce encore là une preuve
de peu de goût ou de notre ignorance ? Je laisse au
lecteur à décider.

cente future. Ecoutez si vous le voulez ses prophéties ampoulées (1); moi, je passe la grille et j'entre dans la cour de ce statuaire, qui est remplie de bustes et de statues en marbre, en pierre, bonnes ou mauvaises, mêlées ensemble, et en si grand nombre, qu'à peine reste-t-il un passage étroit pour arriver au logement de l'artiste. Je n'ai pas même honte de m'arrêter devant cette boutique de joujous d'enfans, où Fanchon la vielleuse joue encore un des principaux rôles, et où je vois avec étonnement que les Français, qui s'amusent si volontiers, sont restés bien en arrière des Nurembergeois pour l'invention et la fabrication de ces joujous d'enfans (2), tandis que ces derniers seront peut-être bientôt surpassés par les Berlinois.

(1) Prenez-y garde, monsieur Kotzebue, vous montrez furieusement le bout de l'oreille; toutes les fois que vous parlez du projet de descente des Français, il n'y a pas une de vos épithètes qui ne soit ou un pronostic fâcheux ou une grossièreté. Peut-être est-ce là de l'esprit? en ce cas félicitons-nous de n'en point avoir.

(2) Encore une preuve de goût.

Si vous êtes fatiguée maintenant des
criailleries de votre chanteur, entrons
en passant dans le jardin des Capu-
cines, où l'on peut voir des tigres et des
singes ; où Franconi fait, sur ses chevaux, des tours de force à se rompre le
cou, où l'on voit le soir des esprits, et
ou l'on peut, en un mot, se procurer à
chaque instant du jour, la vue de mille curiosités différentes. C'est là que dans une
baraque mobile, couverte de vieux morceaux de tapisserie, mon cher Polichi-
nelle se bat avec le diable. Deux escamo-
teurs sont placés de chaque côté ; l'un fait
des tours de gobelets, l'autre des tours de
cartes. Mais quelle foule n'attire pas cet
homme, qui n'a d'autre appareil qu'un
réchaud rempli de charbons ardens, et
environ une douzaine de petits morceaux d'amiante attachés après un fil de
fer. Il commence par vous raconter avec
emphase l'expédition d'Egypte ; il vous
fait part des exploits de l'armée (auxquels il a eu grande part) contre les
Mamelucks et les crocodiles ; il vous

raconte comme quoi en prenant la chemise d'un homme qui avait été tué, il
s'est aperçu qu'elle n'était pas de toile
ordinaire, mais de pierre filée ; que les
Egyptiens s'en servent parce que cela
est plus commode ; car, de cette façon,
ils n'ont pas besoin de laver et de faire
sécher leurs chemises ; mais le soir ils
les jettent dans le feu, et les en retirent
le lendemain, blanches comme de la
neige. Ensuite, pour convaincre les
spectateurs de la vérité de ce qu'il vient
de dire, il salit dans de la boue un de
ses échantillons d'amiante, jusqu'à ce
qu'on ne voie plus rien de blanc ; alors
il le jette dans son réchaud, continue
à parler aux spectateurs, et le retire tout
blanc quelques minutes après, au grand
étonnement de ceux qui l'environnent.
Un de mes voisins, qui ne manque
pas d'esprit, comparait un jour tout
ce procédé avec la révolution française.
« Oui, disait-il, la France a d'abord
« été traînée dans la boue, comme ce
« petit morceau d'amiante ; elle est en-

« suite sortie du feu plus pure et plus « brillante ». Quant à la première partie de là comparaison, elle n'est que trop vraie, et je desire de tout mon cœur que ce qui est relatif à la seconde soit durable (1).

LETTRE QUATRIÈME.

La femme forte, qu'on peut voir et admirer ici dans une petite cabane en planches, est encore plus dégoûtante que la fille qui a une longue barbe noire ; quand on voit cette dernière elle excite la pitié, car ce n'est pas la faute de cette pauvre fille si elle a de la barbe, et surtout en aussi grande quantité ; mais au

---

(1) Non, monsieur, vous ne le desirez pas. L'homme d'esprit dont il s'agit, et qui, modestement, a cru devoir ici garder l'*incognito*, c'est vous, monsieur ; car on sait que vous êtes fort sur l'article des comparaisons ; et vous n'avez fait celle-ci que pour avoir l'occasion de dire du mal d'un pays que vous n'aimez pas, et dans lequel vous n'étiez venu que pour offrir aux peuples du nord les moyens de rire à nos dépens ; mais prenez-y garde, les rieurs ne resteront pas de votre côté.

sentiment pénible qu'excite la femme
forte, se mêle une espèce de déplaisir
et de dégoût; l'une est ainsi conformée
par un accident, tandis que l'autre brave
la nature. Elle fait monter cinq hommes
sur sa poitrine, on y bat du fer, on y
fait d'autres tours de force semblables,
qui vous feront avec raison détourner la
vue. Je ne puis cependant pas me dis-
penser d'entrer avec vous dans une baraque voisine pour y voir l'Espagnol
incombustible, qui réellement fait fris-
sonner de surprise. On fait bouillir de
l'huile dans un pot; le jeune homme tire
le pot du feu, boit un trait de cette huile,
en conserve dans sa bouche comme nous
garderions de l'eau fraîche dans la nôtre,
la rejette ensuite, et avec l'huile qui
reste dans le pot, il se lave les mains,
les bras, le visage, et même les yeux
(qu'il ferme cependant) : après que,
comme l'amiante, il s'est purifié dans
le feu, il se promène pieds nus sur du
fer rouge, et pour se récréer il finit par
y poser la langue. Si ce malheureux

5 *

jeune homme est aussi insensible aux feux de l'amour, il est doublement à plaindre. Au reste, il n'y a point d'imposture là-dedans. Je ne déciderai pas si, comme on le prétend, il se frotte, sans qu'on le voie, d'un certain onguent qui aurait la propriété de rendre insensible à l'action du feu ; mais ce que je puis assurer, c'est qu'il fait réellement tout ce que je viens de dire — Pour faire cesser toute impression désagréable, considérons un moment cette petite forteresse établie sur le boulevard : c'est une espèce de jeu de quilles, dont s'amusent non-seulement des enfans, mais aussi des hommes d'un certain âge. En effet, ce jeu a un grand avantage sur les quilles, en ce qu'il faut beaucoup moins de place pour y jouer, et qu'on peut aisément le transporter d'un lieu dans un autre. La petite forteresse est à-peu-près de la hauteur d'un homme, et construite en amphithéâtre ; au bas est un pont-levis, les remparts sont élevés graduellement, et derrière ces remparts

il y a un certain nombre de soldats. A
huit ou dix pas du fort est placé un
mortier ou canon de bois, auquel est
adapté un ressort (comme aux fusils
d'enfant) par le moyen duquel on lance,
paraboliquement ou en ligne droite,
une boule ; la force du mortier est cal-
culée pour un éloignement de huit à
dix pas. La boule atteint la forteresse
toutes les fois qu'on tire le ressort du
mortier ou du canon ; l'art consiste à
viser de manière à faire tomber un ou
plusieurs soldats, ou bien à attraper le
milieu ; dans ce cas, le pont-levis se
baisse, et par le moyen d'un ressort intérieur, qui a été frappé par la boule,
il sort de la place un carrosse à six chevaux (dans d'autres il s'élève un dra-
peau blanc au-dessus de la forteresse),
la boule se perd dans l'intérieur, et finit
par tomber à terre. On conçoit qu'outre
tous les avantages déja mentionnés, ce
jeu peut en avoir beaucoup d'autres sur
celui des quilles : on peut le placer dans
le plus petit jardin, et même dans une

chambre un peu spacieuse. Il faut peu de force pour y jouer, les dames peuvent par conséquent en partager le plaisir ; il est intéressant parce qu'il faut un certain exercice, et même de l'adresse, pour atteindre le but ; en un mot, je crois avoir fourni par la description de ce jeu, une addition agréable aux jeux gymnastiques. Je me souviens en outre qu'on regardait avec plus de plaisir la ligne parabolique décrite par la boule sortant du mortier, que la ligne droite de la boule sortant du canon.—Comme la bienséance ne nous permet pas, chère amie, de prendre part à ce jeu sur le boulevard, allons voir un moment ces petite serins de Canarie, que l'on exerce à toutes sortes de tours contre leur nature ; l'un tourne la broche, l'autre, attelé à une brouette, conduit ses camarades ; un troisième est en faction avec un fusil, un sabre et un bonnet de grenadier ; un autre ne bouge pas de l'épaule de son maître, quoique celui-ci batte le tambour pour le faire sauver ; un autre tire le canon, qui fait tomber comme mort un de ces oiseaux ; enfin le dernier est au milieu d'une roue de feu , et paraît aussi tranquille et aussi gai que s'il était sur un rosier dans son île enchantée. On a sans doute vu plusieurs fois de semblables oiseaux en Allemagne , mais jamais on n'en a pu voir qui fussent aussi bien stylés. Sans doute vous ne connaissez pas une observation échappée au maître de ces oiseaux , et qui peut fournir matière à réflexion. « Les femelles, dit-il, appren-« nent beaucoup plus promptement que « les mâles, elles sont instruites ordinai-« rement au bout de quelques semaines; « mais elles oublient bien vîte, et ne vivent « pas long-temps ». Je crois qu'en cela les oiseaux ont quelque analogie avec le genre humain ; car si les belles veulent connaître les hautes sciences, à la vérité elles n'en meurent pas, mais bientôt elles cessent d'être aimables (1).

____

(1) Il faut être étrangement tourmenté par la manie des comparaisons pour en trouver ici la matière ; aussi celle-là est-elle tout-à-fait piquante : le pauvre homme !

Comme il nous reste encore une petite demi-heure, employons ce temps à visiter deux célèbres fontaines. Celle de la rue de Grenelle est effectivement assez belle, mais la rue est étroite et embarrassée, la fontaine n'est pas dégagée de tous les côtés; le massif est défiguré par des enseignes qui y sont suspendues. A droite on a barbouillé une vache, parce que là on vend du lait; à gauche est l'enseigne d'un menuisier. Il me paraîtra toujours ridicule (1) (pardonnez-le-moi, je vous prie) de voir con-

____

(1) Ainsi le fameux Turgot, qui fit élever cette fontaine magnifique en 1739; le célèbre Bouchardon, qui en a donné les dessins, et qui en a lui-même exécuté les statues, les bas-reliefs et les ornemens; les Français et les étrangers qui l'ont regardée pendant soixante ans comme un chef-d'œuvre, ne sont que des ignorans, des imbécilles, et des hommes sans goût. Rendons grace au ciel de ce qu'il a dirigé M. Kotzebue vers la France; car, sans lui, sans son *ingénieuse* découverte, on aurait admiré peut-être encore pendant plusieurs siècles ce monument *inutile* et *ridicule!* et quelle honte pour les connaisseurs! Vive M. Kotzebue! il n'y avait peut-être que lui dans le monde qui fût capable de penser et d'imprimer de pareilles choses.

struire un bâtiment de trois étages,
orné de colonnes et de statues, et tout
cela à cause de deux petites têtes de lion
qui sont au bas, à quelques pieds au-
dessus des fondations. Si l'on cherche ce
monument, ce n'est pas parce qu'il en
sort de l'eau, mais parce qu'il faut la
pomper. L'inscription a été effacée en
grande partie ; il n'en reste plus que ces
mots : ... *pour l'utilité des citoyens, et
pour l'ornement de la ville.* — Il nous
reste beaucoup de chemin à faire pour
aller à l'autre fontaine, qui est sur le
marché des Innocens. Nous passerons
lestement devant cette fameuse abbaye,
que ses quatre petites tourelles nous feront aisément reconnaître : dans l'intérieur de la cour, les fenêtres sont cons-
truites d'une façon particulière ; le cruel
inventeur les a fait arranger de manière
que le malheureux prisonnier ne puisse
rien voir, quoique un peu de jour y entre
par en haut ; de façon que ces fenêtres
ressemblent à ces boîtes où l'on enferme
des chenilles ou des hannetons, et dont

on entr'ouvre un peu la couverture pour laisser un peu d'air à ces insectes (1). Voilà la porte où tant de victimes ont été immolées dans le temps de la ter- reur; nous sommes sur l'emplacement où des cannibales les attendaient pour les déchirer; voilà le ruisseau où a coulé le sang humain, et qui reçoit mainte- nant les eaux de la pluie. Ce lieu est horrible; je n'accepterais pas un palais qu'on me donnerait aux environs, quoi- que la nouvelle inscription de cet édifice indique que c'est maintenant une maison d'arrêt militaire.

Nous voici enfin arrivés au marché des Innocens. La fontaine peut être belle quand elle donne de l'eau; mais elle est encore en plus mauvais état que celle de la rue de Grenelle; car elle est totalement à sec. Un grand bassin, qui se trouve assez élevé, ressemble tout-à- fait à une table à thé, et contraste singu- lièrement avec ce qui l'environne; en

____

(1) Que cela est délicat, spirituel, et sur-tout bien trouvé !

outre ce monument est dégradé ; et fort mal entretenu. Puisque nous avons été trompés dans notre attente (1), tâchons de nous en dédommager en jetant un coup-d'œil sur le marché même, qui, par sa grandeur et par le mouvement continuel qui s'y fait, est bien plus intéressant (2) qu'un monument inutile

---

(1) Quoique plusieurs historiens fassent remonter l'existence de cette fontaine au-delà du douzième siècle, nous nous arrêterons à l'opinion la plus accréditée, et nous ne partirons que de l'époque où elle est devenue fameuse. Elle fut bâtie, en 1550, par les soins et d'après les dessins de Jean Goujon, l'un des premiers et des plus habiles sculpteurs que la France ait eus ; il n'y a rien à Paris qui surpasse ce morceau, sur-tout pour la grace, l'élégance des contours, et la légèreté des figures : il suffirait seul pour illustrer une ville, du moins nous l'avons cru jusqu'à présent ; mais M. Kotzebue nous apprend que nous sommes, à cet égard, dans la même erreur que pour la fontaine de Grenelle. Aussi j'espère qu'au lieu de restaurer ce beau monument (comme on a la bonté de le faire), on voudra bien au contraire donner au plutôt des ordres pour le détruire, afin que la vue de notre illustre voyageur ne soit plus offusquée à l'avenir par ce triste amas de pierres qui le gêne, et l'empêche de jouir à son aise du magnifique coup-d'œil des parapluies rouges de nos marchandes de pommes.

(2) Preuve de goût !

d'architecture. Là vous trouverez de
longues allées où sont ces grosses femmes
appelées *poissardes* ; elles sont assises
sous de grands parapluies de huit à dix
pieds de diamètre, qui, lorsqu'on les
considère du haut en bas, ont l'air d'un
toit, et ressemblent assez à un corps de
soldats romains lorsqu'ils attaquaient
en faisant la manœuvre qu'on appelait
de la *tortue*, et dans laquelle ils tenaient
leurs boucliers au-dessus de leurs
têtes (1). Ces parapluies n'appartien-
nent pas à ces femmes ; elle les louent
moyennant quelques sous, je ne sais pour
le compte de qui. Arrêtons-nous ici à
l'abri de la pluie et du soleil ; considérons
ces magasins de poissons, d'œufs, de
beurre ; ces pyramides de poires, de

____

(1) Bon ! voilà nos poissardes transformées en soldats
romains. Pour punir ce radoteur de l'humeur qu'il me
donne, je voudrais qu'il se trouvât quelque jour au milieu
de la halle, et qu'il y fît part de ses remarques à celles
qui en sont l'objet ; le moins qu'il pourrait lui arriver,
pour les avoir comparées à la tortue, serait d'être dévi-
sagé par ces vigoureuses commères, qui n'entendent pas
raillerie sur l'honneur du corps : le beau drame à faire !

pommes, de raisin, et de toutes sortes
de fruits; cet assemblage bigarré de
toutes sortes de légumes, tenus avec la
plus grande propreté : écoutez un moment le jargon énergique de ces femmes;
et si la vue de ces comestibles vous a
donné quelque appétit, montons vîte en
fiacre, et allons chez le restaurateur (1).

---

(1) Vivat ! c'est là qu'il est un héros. Puisque M. Kotzebue est chez le restaurateur, c'est ici le cas de raconter
à mes lecteurs une petite aventure qui lui est arrivée chez
les Frères Provençaux, et dont il se souvient parfaitement sans doute, quoiqu'il n'ait pas jugé à propos de
la faire figurer dans ses *Souvenirs*.

Si ce qu'on va lire sur cet homme *célèbre* ne m'avait
pas été confirmé par tous les Allemands qui le connaissent
directement ou de réputation, si je n'avais déja vu les
mêmes choses consignées dans les *Mémoires secrets
sur la Russie*, j'aurais eu quelque scrupule de publier
la mystification qu'il a essuyée ; mais après avoir lu les
jugemens que ses compatriotes portent sur sa personne
et ses écrits, après avoir lu sur-tout ses ouvrages sur la
France, on ne peut-être disposé à l'indulgence, et l'on
doit, sans craindre le blâme, rendre public tout ce qui
est propre à déciller les yeux de quelques-uns de ses par-
tisans, encore aveuglés par les larmes que leur a fait répandre son drame immoral, *Misanthropie et Repentir*.

Je vais donc transcrire cette anecdote telle qu'on me
l'a adressée.

Un dîner au Palais-Royal (1).

« Monsieur,

« Je sais que vous vous occupez en ce
« moment de la traduction des *Souve-*
« *nirs de Paris, en* 1804, par Kotzebue.
« Comme on m'a assuré que vous y
« ajoutiez des notes, je vous envoie cette
« lettre, un peu longue peut-être, mais
« dont vous ferez tel usage qu'il vous
« plaira, pour vous instruire d'une anec-
« dote assez plaisante, dans laquelle j'ai
« figuré comme témoin oculaire et auri-
« culaire, et qui m'a beaucoup fait rire
« aux dépens du dramaturge allemand.
« J'étais à dîner chez les Frères Pro-
« vençaux, près le passage du Perron, au
« Palais-Royal; je mangeais, et avec dé-
« lice, du riz au safran, que j'aime
« beaucoup, et qu'on y fait infiniment
« meilleur que nulle autre part. Près de

____

(1) Épisode communiqué.

« moi se trouvaient deux jeunes gens,
« l'un militaire, et l'autre, autant que je
« puis croire, commis voyageur d'une
« grosse maison de commerce. C'étaient
« deux amis, qui me parurent être liés
« dès l'enfance, et qui probablement ne
« s'étaient pas vus depuis long-temps,
« car l'un racontait ses campagnes à
« l'autre, qui lui récitait en retour ses
« exploits amoureux, ses aventures
« joyeuses, et ses voyages. Je prêtais
« doucement l'oreille à cette amusante
« conversation, lorsqu'au bout de quel-
« ques minutes la porte du salon s'ouvrit,
« et me laissa voir un homme de cin-
« quante ans environ, assez grand, bien
« vêtu, et portant une décoration étran-
« gère ; lequel, après avoir jeté un regard
« dédaigneux et protecteur sur ceux qui
« se trouvaient là, vint s'asseoir à une
« table peu éloignée de moi, et positive-
« ment en face de celui des jeunes gens
« que je présumais être un commis voya-
« geur.

« Le ton impératif et hautain avec le-

« quel il parlait aux garçons, et le son
« de cette même voix qui se fit entendre
« douze à quinze fois pour demander les
« mets les plus succulens et les plus re-
« cherchés, ce qui faisait présumer un
« gourmand intrépide et connaisseur,
« attirèrent sur lui l'attention de l'as-
« semblée. Tout-à-coup mon jeune com-
« merçant pousse un cri de surprise, et
« dit à son ami : Eugène, veux-tu voir
« un mauvais sujet qui, avec fort peu
« de talent, est parvenu, à force de flat-
« teries, d'intrigues et de bassesses, à
« faire parler de lui, et à se faire passer,
« aux yeux des sots, pour un homme
« d'importance ? — J'ai vu tant de gens
« réussir par les mêmes moyens, qu'il
« me semble bien difficile d'en distin-
« guer un dans la foule ; mais qu'im-
« porte, je le veux bien. Où est-il ? —
« Derrière toi ; regarde un peu à gau-
« che..... Comment, tu ne vois pas cet
« homme seul à une table, qui mange
« comme un glouton, et dont la figure
« pourrait servir de modèle parfait à

« l'orgueil personnifié? — Ah! je le vois,
« mais je ne le connais pas. — C'est Kot-
« zebue.—Quoi l'auteur de *Misanthro-*
« *pie et Repentir?* — Et de beaucoup
« d'autres soi-disant chefs-d'œuvre qui
« valent beaucoup moins encore, quoi-
« que celui-là ne vaille pas grand'chose.
« — Que vient-il faire ici? — Observer
« nos usages, nos mœurs, du moins à
« ce qu'il dit; mais effectivement pour
« suivre nos théâtres et critiquer nos
« pièces, dans lesquelles il vient puiser
« sans façon les meilleures scènes, qu'il
« donnera comme siennes à l'Allema-
« gne, qui s'étonne et gémit chaque jour
« de sa malheureuse fécondité. — Ah ça,
« dis-moi, jouit-il de quelque considéra-
« tion dans son pays? — D'aucune. On
« le regarde comme un homme immo-
« ral, un bas flatteur. Oh vraiment! j'en
« sais de belles sur son compte! Les re-
« lations commerciales de notre maison
« m'ont obligé à faire de fréquens voya-
« ges dans le nord; je suis allé sou-
« vent à Saint-Pétersbourg, à Berlin, à

« Vienne, à Hambourg, à Moscow, à
« Weimar, à Revel, enfin dans pres-
« que toutes les villes qui ont été le théâ-
« tre des succès et des chutes de ce
« grand homme. — Conte-moi donc
« tout cela, je t'en prie. — J'y consens.

« Kotzebue est né à Hambourg. Ses
« premières années se sont passées dans
« l'obscurité la plus parfaite. Il vint en
« Russie en 1780, et y entra au service
« du général Baur; mais il n'y resta pas
« long-temps : j'ignore pour quel motif.
« En 1782, il vint à Revel, en Esthonie,
« dans l'espérance d'y obtenir une place
« de juge; il érigea, en attendant, un
« théâtre d'amateurs, pour l'établisse-
« ment duquel il engagea un grand
« nombre d'abonnés. Le produit devait
« être pour les pauvres ; M. Kotzebue
« était sans emploi, et on l'accusa par
« la suite de s'être habilement appliqué
« le proverbe vulgaire : *Charité bien or-*
« *donnée commence par soi-même.* Le
« proverbe ne dit pas qu'elle doive finir
« là, et c'est cependant l'extension que

« M. Kotzebue lui donna, puisqu'on lui
« reproche de s'être approprié la recette
« entière.

« Cet établissement excita d'ailleurs de
« grands mécontentemens, et lui fit beau-
« coup d'ennemis, sur-tout parmi les
« pères de familles amis des mœurs,
« parce qu'alors à Revel, comme à Ge-
« nêve, un théâtre était encore un objet
« de scandale. On s'indignait sur-tout
« de voir la jeune noblesse monter sur
« les treteaux, et se corrompre par les
« leçons que lui donnait notre nouveau
« Thespis. En cela, les bons gentils-
« hommes esthoniens n'avaient pas tort;
« car M. Kotzebue profita des liaisons
« que cette entreprise lui facilitait, pour
« s'insinuer dans les bonnes graces de
« mademoiselle d'Esse, fille du com-
« mandant de la place. Cet homme,
« fier de sa naissance, et méprisant le
« directeur de comédie, lui refusa sa
« fille ; elle se déclara enceinte, et il la
« chassa durement de la maison pater-
« nelle. M. Kozebue l'épousa, la rendit

« très-malheureuse, et l'emmena en Al-
« lemagne, où elle tomba malade. Son
« mari, ne pouvant, disait-il, supporter
« le spectacle de sa douleur et de son
« agonie, l'abandonna, et la laissa mou-
« rir. C'est pour justifier cette preuve de
« sensibilité et de tendresse conjugale
« qu'il écrivit sa *Fuite à Paris*. Il vint
« dans cette grande ville, se consoler de
« la mort de sa femme avec les filles du
« Palais-Royal.—Oh, le vilain homme;
« — Tu n'es pas au bout.

« Après avoir ainsi perdu sa première
« épouse, et fait une absence de plus
« d'un an, il eut, malgré les clameurs,
« le courage de revenir à Revel, et d'y
« continuer sa carrière théâtrale, en dépit
« des pères de famille. Plusieurs écrits
« qui parurent alors, et notamment les
« *Lettres Provinciales* de Jannau, at-
« testent combien il était décrié dans le
« pays. Cependant il parvint, par la pro-
« tection d'un baron de Rosen, au poste
« de président de cette ville. C'est-là
« l'origine de ce titre, dont cet homme,

« semblable à la grenouille de la fable,
« s'est enflé si long-temps et si plaisam-
« ment aux yeux de l'Allemagne ; mais
« sa démission n'eut pas pour motif,
« comme il le dit dans *l'Année mémo-*
« *rable ,* le mauvais état de sa santé, car
« on peut fort bien être maladif et en
« même temps président du tribunal
« civil de Revel. Deux raisons plus puis-
« santes lui firent perdre cette place.
« M. le président, comme je te l'ai dit,
« s'était fait beaucoup d'ennemis. La
« séduction, et plus encore l'abandon et
« la mort de sa femme, avaient indigné
« tout le monde (il doit se souvenir en-
« core des reproches et des affronts qu'il
« eut à endurer, et notamment de l'apo-
« strophe publique de l'honnête Milius à
« Leipsick) ; mais il mit le comble au
« scandale de sa vie par une conduite
« criminelle en tout pays et sous tous les
« gouvernemens, par la séduction et le
« rapt de la femme d'un homme esti-
« mable et considéré, qui était déja
« mère de trois enfans. Ce fut encore

« une dame d'Esse qui donna à l'Estho-
« nie le spectacle affreux et presque
« inouï dans ces contrées, d'une mère
« de famille abandonnant son époux et
« ses enfans pour suivre un méprisable
« histrion devenu président. Elle de-
« manda et obtint un divorce vraiment
« scandaleux, pour s'unir à un homme
« qui avait traité sa première femme
« avec une tendresse si dérisoire.

« Madame d'Esse, qui n'était plus
« jeune et qui n'avait jamais été jolie,
« vivaitdepuis huit ans heureuse et tran-
« quille avec son mari, lorsque notre
« petit Lovelace parvint à la séduire.
« Elle et son nouveau mari cherchèrent
« à se justifier aux yeux du public par
« l'excès d'un amour romanesque qu'ils
« affectaient, et que notre héros de cou-
« lisses jouait et joue encore dans son
« dernier ouvrage avec toute l'hypocrisie
« et la pesante fadeur dont il est capable.
« L'envie de s'approprier les biens de sa
« femme l'inspira d'abord. C'est dans
« ce dessein qu'il l'avilit au point de

« l'engager à s'accuser elle-même d'adul-
« tère, en déclarant que les trois enfans
« qu'elle avait eus durant son premier
« mariage étaient de M. Kotzebue, dont
« la première femme vivait encore à la
« naissance de l'aîné. — Quelle horreur !
« s'écrient à-la-fois toutes les personnes
« qui environnaient le conteur, et dont
« quelques-unes s'étaient levées pour
« mieux entendre. Or, jugez de la con-
« tenance que faisait M. Kotzebue pen-
« dant cette narration. Il pâlissait, rou-
« gissait, se mordait les lèvres, la lan-
« gue, que sais-je, moi ? Enfin, je n'ai vu
« de ma vie une mystification plus com-
« plète et mieux méritée. Le jeune homme
« poursuivit : L'autre raison qui força
« M. Kotzebue à déposer le mortier de
« président fut la publication de son
« livre intitulé *Bart au front d'airain*,
« titre plus convenable à l'auteur qu'à
« l'ouvrage. Dans cette production sale
« et honteuse, il rassemble plusieurs
« savans illustres de l'Allemagne dans
« un lieu de débauche, les enivre, et les

« fait raisonner comme il paraît penser
« lui-même, et d'une manière analogue
« au lieu où ils se trouvent. Quelques-
« uns de ces écrivains, connus et proté-
« gés par l'impératrice Catherine, s'a-
« dressèrent à cette princesse pour se
« plaindre ; ce fut la première fois qu'il
« fut question de M. Kotzebue à la cour
« de Russie.

« Ses ennemis profitèrent du moment
« pour rendre suspects ses sentimens
« politiques ; sa correspondance et ses
« ouvrages attirèrent l'attention de la
« police, et il ne tarda point à recevoir
« sa démission. Alors il se retira au
« village de Yewe en Esthonie, où il
« s'occupa à effacer les mauvaises im-
« pressions que sa conduite et ses écrits
« avaient laissées dans les esprits. C'est
« dans cette intention qu'il composa son
« *Lang-Hans*, détestable imitation de
« Candide, où il essaie de ridiculiser la
« France et la révolution, qui n'étaient
« rien moins que plaisantes alors.

« Il chercha dans le même temps à

« flatter M. Derjawine , secrétaire de
« l'impératrice , en traduisant en alle-
« mand ses vers russes , dont il vint
« lui faire hommage à Pétersbourg ; car
« ce grand homme a pour principe et
« pour règle invariable qu'il faut flatter,
« et toujours flatter , à tort et à travers,
« dès que cela peut rapporter quelque
« chose.

« Je me rappelle à cette occasion d'une
« fable qui lui fut adressée dans les pa-
« piers allemands, et qui prouve com-
« bien son caractère était connu ; la
« voici : elle n'est pas très-bonne, mais
« elle peint bien l'individu :

« Sur la cyme d'un arbre un limaçon grimpé
« Fut par un aigle aperçu d'aventure ;
« Comment à ce haut poste, oubliant ta nature,
« As-tu pu t'élever ? dit l'oiseau. — J'ai rampé.

« Tu vois par ces faits notoires, et que
« je défie M. Kotzebue de réfuter , que
« pendant les dernières années du règne
« de Catherine, et au commencement
« de celui de Paul Ier, ce fameux auteur,
« cet homme sans pareil, a vécu loin de

« la cour, dans une petite ville, ou dans
« un village. Tu vois qu'il était parfaite-
« ment inconnu en Russie, méprisé en
« Esthonie, et décrié en Allemagne, où
« on ne parlait de lui que comme d'un
« libelliste, d'un ravisseur et d'un ja-
« cobin. Je veux bien croire que c'est à
« tort qu'on lui donnait ce dernier titre ;
« mais *cette légère teinte de jacobi-*
« *nisme*, comme il le dit lui-même dans
« ses Mémoires, n'était pas très-propre
« à le faire bien venir à Berlin, à Vienne,
« à Pétersbourg. — N'ai-je pas ouï dire
« que c'est pour cette raison qu'il fut
« exilé en Sibérie ? — Oui ; il fut accusé
« près de l'empereur de Russie d'avoir
« composé un libelle intitulé *L'Ours*
« *du Nord*, dans lequel ce monarque
« était traité de la manière la plus indé-
« cente. — Mais comment se tira-t-il
« de là ? — Par une flatterie. Il composa
« une petite pièce intitulée *Le Cocher*
« *de Pierre III*. Cette flagornerie lui
« valut son rappel.

   « — Le voilà jugé comme homme ;

« maintenant, comme écrivain, qu'en
« pense-t-on en Allemagne? — Ses nom-
« breuses contradictions, ses plagiats, ses
« rétractations fréquentes et honteuses,
« ses motifs-intéressés sont trop connus,
« trop notoires, pour qu'il puisse y jouir
« de la moindre estime. — Ses plagiats,
« dis-tu ? il est donc vrai qu'il nous em-
« prunte quelque chose ? — Quelque
« chose ! dis donc des pièces entières,
« dont il ne change que le titre. Il pré-
« tend qu'on défigure ses ouvrages en
« France, et qu'il ne les reconnaît pas :
« c'est un avantage que nous avons sur
« lui quand nous allons en Allemagne,
« car il ne prend pas la peine de dégui-
« ser ses vols. Exemples : *Edouard en*
« *Ecosse*, de Duval qu'il a traduit sur
« un manuscrit que l'auteur lui avait
« confié, et qu'il a fait jouer sous
« son nom, apparemment parcequ'il y
« avait ajouté pour second titre : *la Nuit*
« *d'un Fugitif. Le Prisonnier*, dont il re-
« trancha le chant, et qu'il donna comme
« un drame de sa façon. C'est à cette

« occasion que Schlegel lui adressa l'épi-
« gramme suivante :

« Ce gentil prisonnier qu'en vain tu déguisais,
« Laisse-le donc chanter, on voit qu'il est Français.

« *Le Duel impossible*, sous le titre
« du *Neveu mort*; *le Père d'occasion*,
« *le Château du Diable*, etc., car je t'en
« pourrais citer à ne plus finir. Tout ce
« que je puis te dire, c'est qu'il a trouvé
« le moyen de se faire un triple revenu
« aux dépens des auteurs français qu'il
« a l'imprudence de critiquer et de met-
« tre au-dessous de lui. Il est à la piste
« de toutes les pièces qui réussissent
« à Paris, il les habille promptement à
« l'allemande, et les vend d'abord aux
« entrepreneurs de spectacles ; six mois
« après, il les vend à l'imprimeur, et
« enfin pour la troisième fois, dans le
« recueil de ses Œuvres. Au reste ce ne
« sont pas seulement les auteurs français
« qu'il met à contribution : il s'empare
« tout aussi lestement des scènes qui lui
« conviennent dans Iffland, Lessing,

« Goëthe, etc.; en un mot, on peut dire
« qu'en général il n'y a de lui dans
« ses ouvrages que les flagorneries,
« les niaiseries, les mensonges, les
« injures, les personnalités et les calom-
« nies, dont ils sont remplis, et qu'il
« dirige alternativement comme tel ou
« tel individu, grand ou petit, faible ou
« puissant, selon que son intérêt le lui
« commande. — Voilà un portrait bien
« aimable ! — Il est de la plus parfaite
« ressemblance ; et tiens, depuis qu'il
« est à Paris, chacun s'est empressé de
« l'accueillir, de le fêter ; on a la bonté de
« lui faire croire que nous le regardons
« comme un être digne de quelque im-
« portance ; enfin il n'a qu'à se louer de
« la France et des Français : hé bien, je
« parie qu'à son retour en Allemagne,
« il nous déchirera dans la relation de
« son voyage. — Cela n'est pas possible ;
« allons, tu exagères ! Cette conduite se-
« rait celle d'un homme sans foi, sans
« pudeur, d'un homme méprisable et
« vil. — Tu verras. — Oh alors, s'il

« s'avisait de revenir en France, il n'est
« pas un de nous qui ne fût prêt à venger
« la nation. — Des injures d'un homme
« semblable !..... Allons donc, il n'en
« vaut pas la peine ; c'est le coup de
« pied de l'âne ; d'ailleurs il n'osera pas
« s'y frotter, et je te garantis qu'on ne
« le reverra plus en ce pays ». Ici finit
« la conversation, les assistans s'étaient
« tournés vers M. Kotzebue, qui, ne pou-
« vant supporter plus long-temps leurs
« railleries amères, et n'ayant rien de
« bon à leur répondre, s'esquiva leste-
« ment, non sans recevoir une bordée de
« quolibets et de sarcasmes tous plus
« piquans les uns que les autres. »

Le jeune commis avait raison, et M. Kotzebue a complètement justifié son opinion et sa prédiction. Mais je
ne m'étonne pas, d'après cette scène, que dans l'énu-
mération des fameux restaurateurs du Palais-Royal, il
n'ait pas dit un mot des *Frères Provençaux* ; ce *souvenir* là n'était rien moins que plaisant pour lui.

CHAPITRE III.

Ma Présentation aux trois Consuls.

En venant à Paris, je brûlais de voir un héros le prodige de son siècle ; quelques jours se passèrent sans que mon attente fût remplie. Enfin, un soir, au Théâtre-Français, la représentation fut interrompue par des applaudissemens universels, et je vis tous les regards se porter sur la loge de Bonaparte : j'étais malheureusement placé du même côté, en sorte qu'il m'était impossible de le voir ; mais comme les sociétaires avaient eu la bonté de me permettre de circuler librement dans tout le théâtre, je courus à l'avant-scène pour me placer dans une coulisse en face de la loge du premier consul, afin de contempler à mon aise cet homme extraordinaire.

Pendant la représentation, il est

tranquille et sérieux, il paraît très-attentif, ne parle à aucun des officiers qui sont debout derrière lui, et ne donne jamais le moindre signe d'approbation ou d'improbation, fût-ce même par un mouvement de tête. Le parterre l'accueille toujours à son entrée par des applaudissemens unanimes et bruyans ; mais du reste, il ne s'en occupe plus dans le cours de la représentation : cela ne l'empêche pas de siffler ou de faire tapage ; et j'ai été témoin que la présence du chef de l'état ne l'a point empêché d'user de tous ses droits, en ne laissant pas finir la première représentation d'une pièce nouvelle.

Bonaparte aime de préférence la tragédie ; il s'est prononcé envers moi-même, et d'une manière assez gaie, contre les drames, en y mettant toutefois cette restriction : « que tous les « genres sont bons, hors le genre en- « nuyeux ». Qu'on ne pense pas cependant qu'il soit l'ennemi de la comédie ni du drame ; je l'ai vu à la première représentation d'une comédie ; il a même assisté à mes *Deux Frères* , un jour que cette pièce était jouée avec une tragédie à laquelle il était arrivé trop tard.

Ses loges dans les quatre grands théâtres sont très-riches, et magnifiquement décorées ; parmi les ornemens , on remarque une étoile en or , placée tantôt au-dessus tantôt au-dessous de la loge.

J'ai vu deux fois la grande parade , qui est maintenant une des curiosités les plus remarquables de Paris ; c'est en effet un très-beau spectacle. Je me trouvai avec plusieurs autres étrangers dans une des salles du premier étage , par laquelle Bonaparte devait passer ; les domestiques nous avaient assigné cette place avec beaucoup de politesse ; mais nous fûmes redevables à nos uniformes de ce qu'on nous y laissa ; car , au bout d'un moment, un aide-de-camp vint à un de nos compagnons , qui était vêtu d'un frac, et lui signifia, aussi avec politesse , qu'il ne pouvait rester dans cette salle ; mais il le fit placer ailleurs.

Les salles et les escaliers étaient bordés de soldats rangés en haie, et placés à deux pas l'un de l'autre ; quatre ou cinq régimens d'infanterie étaient en bataille dans la cour ; leurs uniformes sont simples, et ces habits longs ne me semblent ni beaux ni commodes ; mais les bonnets des grenadiers, garnis de peau d'ours, ont réellement quelque chose de martial et d'imposant. — Au-delà de la grille, sur la place du Carrousel, on voyait la cavalerie, composée des chasseurs de la garde à cheval, et de deux régimens de cuirassiers de la plus grande beauté. — La petite troupe des Mamelucks se faisait remarquer par son costume oriental.

Bientôt je vis venir Bonaparte, entouré de généraux et d'aides-de-camp couverts d'habits magnifiques, tandis qu'il ne portait qu'un uniforme tout uni, sans broderie ni aucune distinction, son chapeau était aussi sans plumes, galons ni houpe : il marchait très-vîte, et ne tenait qu'un fouet à la main.

Arrivé au bas de l'escalier, il monta
son cheval blanc, et parcourut les rangs,
suivi de son brillant cortège. Outre les
troupes, il se trouvait là une foule innombrable, et plusieurs personnes lui
remirent des placets. Il m'a paru que
l'on pouvait s'approcher de lui très-faci-
lement, et j'ai été témoin que toutes les
grandes mesures qu'il prend, dit-on,
pour sa sûreté, n'existent pas.

Autant que j'ai pu voir, il remet tous
les papiers qui lui sont présentés à un
aide-de-camp. Cependant une femme
s'étant approchée, et ayant osé arrêter
son cheval par la bride, il eut la bonté
de lire son placet, et de lui répondre à
l'instant même. Pendant toute la revue,
son fidèle Mameluck est derrière lui,
non pas tout près, comme on nous l'a
dit en Allemagne, mais confondu avec
les généraux.

Alors Bonaparte vint se placer devant
la porte des Tuileries, à quelques pas
de l'endroit où j'étais. C'est là que l'ambassadeur turc lui présenta, au nom du

grand-seigneur son maître, deux chevaux de la plus rare beauté, mais tellement couverts d'or et de perles, qu'à
peine pouvait-on distinguer leur couleur.

J'ai remarqué que Bonaparte prend
souvent du tabac, dans une boîte d'é-
caille fort simple. Il ne paraît s'occuper
que des troupes, auxquelles il fait faire
quelques manœuvres, un régiment après
l'autre. Le commandant du corps vient
à lui chaque fois recevoir ses ordres
pour les faire exécuter. Chaque régiment
formait à son tour un bataillon carré,
peut-être en mémoire de la guerre
d'Egypte. L'infanterie défila au son
d'une musique bruyante et guerrière
parfaitement exécutée, et qui l'emporte
sur tout ce que j'ai entendu dans ce
genre. Ce ne sont pas seulement des
marches à deux reprises qu'elle joue, ce
sont des symphonies militaires, exécutées avec un ensemble et une précision
admirables. Après l'infanterie, vint la
cavalerie, montée sur des chevaux superbes. Cette parade fut terminée par

des manœuvres exécutées par un seul des régimens de cavalerie.

Je vis, à une parade suivante, un bataillon de matelots qui se faisait distinguer par ses armes, qui consistaient en grapins d'abordage.

Pour ne pas rencontrer Bonaparte à son retour, je me hâtai de descendre dans la salle des ambassadeurs, ou plutôt dans des appartemens très-simples qu'on nomme ainsi, et dans lesquels se réunissent le corps diplomatique et tous les étrangers qui doivent être présentés. Je ne vis là que des croix, des cordons, et des décorations éminentes. Des officiers de la maison et des domestiques vêtus d'une livrée verte et or, nous offrirent des rafraîchissemens, puis nous nous disposâmes à monter par le grand escalier qui était encore garni de deux haies de soldats, ainsi que les salles par lesquelles nous passâmes. Nous traversâmes lentement trois ou quatre appartemens, dans lesquels nous vîmes beaucoup de costumes nouvellement adoptés

par les Français, tels que ceux des huis-
siers, vêtus de noir, et qui portent au
cou, une chaîne d'or, à laquelle pend
une médaille à-peu-près pareille à celles
qui décoraient autrefois les chevaliers.

Alors on ouvrit les portes de la salle
d'audience, dont les décorations les plus
remarquables sont les drapeaux, qu'on y
a placés d'une manière vraiment pitto-
resque. Bonaparte était entre le second
et le troisième consul, vêtus d'habits d'é-
carlate richement brodés. Près d'eux
était le grand-juge, en costume de céré-
monie.

Dès que le cercle fut formé, Bonaparte
s'avança, et parla d'abord au prince
héréditaire de Wurtemberg ; il s'entretint ensuite avec les autres, et parla à
tous, précisément comme les princes
et les rois ont coutume de le faire lorsque les ambassadeurs des puissances
étrangères leur sont présentées, ou leur
présentent des personnes de leur nation.

Aucun des portraits que j'ai vus de
lui, soit en Allemagne soit en France,

ne lui ressemble parfaitement; la plupart ne lui ressemblent pas du tout, et je compte parmi ces derniers le tableau du célèbre David. C'est Isabey qui a le mieux réussi ; le portrait dans lequel il l'a peint en pied, et dont on a fait une fort belle gravure, est parfaitement ressemblant. L'effigie des pièces de cinq francs frappées en l'an 12 est aussi fidèle ; chaque fois que j'en regarde une, je crois voir Bonaparte lui-même ; il a le profil d'un Romain, c'est-à-dire qu'il est grave, noble et expressif : quand il garde le silence, son sérieux paraît froid, et même un peu sévère ; mais dès qu'il parle, un sourire vraiment gracieux rend sa bouche très-agréable, et inspire sur-le-champ de la confiance. Il en était de même de Paul Ier; personne ne pouvait s'empêcher de l'aimer quand il voulait se donner la peine d'inspirer de l'amitié.

A propos de Paul Ier, je ne dois pas oublier que le premier consul m'a parlé de ce malheureux monarque avec une chaleur et un intérêt qui font l'éloge de sa sensibilité, et qui sont la preuve de l'estime qu'il avait pour lui : « Il avait la « tête chaude, me dit-il entre autres cho- « ses, mais il avait un cœur excellent. »

A quelques pas de moi était l'ambassadeur des Etats-Unis, avec lequel Bonaparte s'entretint du commerce de son pays ; l'ambassadeur laissa échapper quelques mots sur la guerre ; le premier consul haussa les épaules, comme s'il eût voulu dire : « Ce n'est « pas ma faute si l'on n'est pas en paix ». Il parut vouloir ajouter quelque chose ; mais il se retint, et passa outre. Il s'approcha de moi une seconde fois, et me parla avec infiniment de bonté et d'aisance sur les théâtres. Il accusa les Allemands de mélancolie, et dit que nos drames larmoyans nuisaient, en quelque sorte, à la tragédie française ; qu'il n'aimait point à pleurer, etc.

En rapportant ainsi ce que le premier consul m'a adressé, je prouve bien que je n'ai en vue que ce qui peut intéresser

le public, sans avoir aucun égard à
moi. Il est difficile qu'un voyageur ne
fasse pas du tout mention de lui dans
la relation qu'il publie ; mais il doit
avoir l'attention de ne pas se mettre au
premier rang (1).

Quand le premier consul eut fait le
tour, il revint entre les deux autres consuls : puis il témoigna que l'audience
était finie, et resta debout jusqu'à ce
que tout le corps diplomatique se fût
retiré.

Ce qui suit la présentation au premier consul n'est rien moins qu'agréable.
Le lendemain, les musiciens de sa garde
se présentèrent chez moi pour me féli-
citer sur mon bonheur, c'est-à-dire
qu'ils vinrent me demander de leur faire
un cadeau. Comme ils n'étaient que
deux, je crus faire assez en leur don-
nant à chacun un écu de six francs ;
mais ils parurent fort mécontens, et me
déclarèrent qu'ils étaient vingt-quatre.

____

(1) C'est cependant ce que vous avez fait par-tout.

Ici, la patience m'échappa. Je leur répondis que les complimens d'artistes aussi distingués étaient sans prix, et que j'étais sensible à l'honneur qu'ils me faisaient, puis je les laissai partir avec leur courte honte (1).

Je suis persuadé que leur chef ignore qu'ils emploient cette manière de demander l'aumône, et je crois bien faire en publiant cette petite anecdote ; car, bien certainement, tous les Français qui liront ceci s'empresseront de contribuer, autant qu'il sera en eux, à abolir un usage qui compromet l'honneur national (2).

On a déja imprimé plusieurs détails sur les dîners du premier consul, et je ne puis rien y ajouter. Tout le monde sait qu'il n'aime pas à demeurer long-

(1) Ce qui est arrivé à notre voyageur est à coup sûr une mystification, à laquelle aura donné lieu l'esprit d'avarice qu'il laisse percer à tout moment.

(2) L'honneur national compromis, parce qu'on s'est amusé aux dépens de M. Kotzebue ! c'est aussi pousser trop loin l'amour-propre, et concevoir une trop haute opinion de son mérite.

temps à table. On sait aussi que sa table est bien servie, mais qu'il n'aime pas les friandises.

On donne quelquefois des dîners de deux ou trois cents couverts dans la grande galerie, et j'avoue que ce local, tout magnifique qu'il est, ne me paraît pas très-propre à donner de l'appétit, par les souvenirs qu'il rappelle. Que l'on se figure les batailles de Constantin, représentées sur les tapisseries des Gobelins, mais dont malheureusement les couleurs commencent à se faner, parce qu'elles sont trop exposées au soleil ; entre les pans, les statues en marbre blanc, et de grandeur naturelle, des plus grands héros dont la France s'honore, tels que Bayard, Condé, Turenne, etc.; et l'on sentira, comme moi, que cette galerie est plus propre à un conseil de guerre, à un congrès pour la paix, ou à une réception d'ambassadeurs, qu'à des repas, où l'on n'entend que le cliquetis des assiettes et de l'argenterie. J'y ai vu aussi quelques

Tome I. 7

antiques connues : le jeune Homme qui se tire une épine du pied, et la petite Fille qui joue aux osselets. Les peintures du haut ont un très-grand merite ; il est seulement fâcheux que le plafond soit fendu en plusieurs endroits. La salle à manger ordinaire qui fait suite aux appartemens, se fait remarquer par une belle simplicité.

·Les appartemens de madame Bonaparte sont décorés avec un goût exquis, mais sans magnificence; quelques bronzes précieux que l'on a vus autrefois à Versailles; un petit nombre de beaux tableaux (parmi lesquels on distingue une Vénus endormie, du Corrège), quelques marbres et mosaïques fabriqués à Florence, de beaux vases de la manufacture de Sèvres , voilà ce qu'il y a de mieux dans l'ameublement.

On voit dans la chambre à coucher, qui est commune à Bonaparte et à son épouse, plusieurs jolis tableaux : du reste, elle est fort simple. Deux petits cabinets de bain terminent cet appartement , qui

consiste tout au plus en sept ou huit pièces.
Dans l'antichambre, on a placé quelques grands tableaux d'un célèbre peintre flamand, et dans lesquels sont représentés plusieurs scènes de la vie de Louis XIV. Ces tableaux viennent de l'hôtel Condé, où on les voyait jadis.

Je dois, avant de quitter les Tuileries, dire à la louange de tous ceux qu'on y rencontre, officiers de la maison, domestiques ou sentinelles, qu'ils sont de la plus grande politesse dans leurs réponses et dans les renseignemens qu'ils vous donnent. Que je fusse en simple redingotte ou en grande parure, je les ai trouvés toujours également honnêtes et complaisans. On doit faire particulièrement l'éloge des sentinelles françaises : il m'est arrivé souvent de les interroger, et elles m'ont répondu avec civilité, même lorsque leur consigne les forçait à me refuser ce que je demandais.

Lorsque le premier consul partit pour faire la visite des côtes, on dit que, peu d'instans auparavant, personne n'en était instruit, et qu'il avait même envoyé le matin des papiers à l'un des ministres, en demandant qu'on lui en fît un rapport le lendemain ; il se contenta de dire à deux de ses aides-de-camp qu'ils l'accompagneraient, et leur demanda s'il leur fallait beaucoup de temps pour faire les apprêts du voyage. Ceux-ci, qui pensaient qu'il n'était question que d'un voyage de quelques jours, répondirent que non. « Eh bien ! dit le premier con- « sul, prenez vos épées et vos chapeaux ». En effet, cet homme actif avait déja donné l'ordre d'atteler, et le courier qui devait faire préparer les relais était parti depuis un quart d'heure.

Je crois qu'il est à propos de terminer ici mes observations sur ce grand homme, et de poser là mes pinceaux, pour les remettre aux peintres d'histoire, à qui le temps qui s'écoule fournit chaque jour des matériaux.

La présentation aux deuxième et troisième consuls ne souffre pas beaucoup de difficultés si elle a été précédée par celle à Bonaparte. L'ambassadeur auquel on appartient choisit un jour où le consul Cambacérès donne à manger, soit le mardi, soit le samedi; et l'on s'y rend après le dîner, c'est-à-dire vers neuf heures du soir. Ces deux magistrats ont dans leurs cours et dans les corridors des sentinelles qui montent la garde, et sont sous le commandement d'un officier. Leurs palais sont grands, mais simples et sans faste; de beaux gobelins sont le seul ornement remarquable qui les distingue. Il y a dans l'antichambre, comme dans toutes les grandes maisons de Paris, un domestique qui vous demande votre nom, et le répète à haute voix dans le salon au moment où vous entrez. Cet usage a un côté très-avantageux, en ce que la compagnie rassemblée sait tout de suite quelle est la personne qu'elle va admettre au milieu d'elle; mais, d'un autre côté, on ne saurait nier que cela ne soit souvent très-désagréable pour celui qui entre, sur-tout s'il porte un nom qui ne soit pas tout-à-fait inconnu, parce qu'alors tous les regards se portent à-la-fois sur lui de manière à l'embarrasser (1). Le consul, qui est ordinairement près de la cheminée, s'avance vers la personne qui entre, en proportion de son rang ou de son mérite, et répond poliment au compliment qui lui est adressé ; après quoi l'arrivant prend sa place dans le cercle.

J'ai eu encore, l'honneur d'être admis à la table du consul Cambacérès, et je dois convenir que sur soixante-dix ou quatre-vingts plats, à la moitié desquels j'ai goûté (2), il n'en est pas un qui eût

(1) Quelle pudeur !... On dit cependant que M. Kotzebue ne rougit pas souvent. *Voyez* les *Mémoires secrets sur la Russie*, tome 4.

(2) Tudieu, quel appétit ! Il me semble que d'après cet aveu, M. Kotzebue pouvait entrer en concurrence avec M. d'A........., et que M. G. de la R.... a commis envers lui une injustice criante en ne lui dédiant pas l'*Almanach des Gourmands* ; mais, pour le venger de cette injure, je me fais fort de lui procurer la dédicace du *Manuel des Gloutons*, auquel un de mes amis tra-

été désapprouvé par Lucius ou Apicius. Il est incontestable que la cuisine française est la première du monde (1).

Après le dîner, les visites arrivent par centaines ; on trouve l'occasion de faire les connaissances les plus intéressantes. Par exemple, j'ai vu chez Cambacérès le célèbre navigateur Bougainville, qui m'a fourni la preuve la plus complète qu'on peut parvenir à un âge très-avancé sans pour cela rien perdre de sa vigueur et de son amabilité. Barbé-Marbois, le brave compagnon de Barthélemy dans sa déportation à Cayenne; Portalis, le chef éclairé de toutes les affaires relatives au culte ; le vieux Guillotin, auquel on fait ici, injustement, le reproche d'avoir inventé la guillotine;

---

vaille, sous la dictée de Gargantua ; cet ouvrage, décoré d'un aussi grand nom, et enrichi de quelques notes prises dans les *Souvenirs* de M. Kotzebue, ne peut manquer d'avoir un succès prodigieux.

(1) Enfin M. Kotzebue s'humanise, et daigne convenir de notre supériorité.... en cuisine; la belle découverte! et qu'un tel suffrage est flatteur pour nous!

car c'est l'amour de l'humanité qui l'a seul dirigé dans la recherche des moyens d'abréger les souffrances des malheureux condamnés à périr de la main du bourreau. On a souvent publié en Allemagne qu'il avait été la première victime de la guillotine ; mais il se porte très-bien, et n'a jamais couru aucun danger sous ce rapport.

Le consul Lebrun est un homme extrêmement affable et prévenant ; son extérieur est des plus simples, et ses manières très-engageantes. Il est connu dans le monde littéraire par une excellente traduction du Tasse. Son entretien est celui d'un savant profond et d'un homme des plus cultivés.

J'ai vu chez lui le littérateur Lagrange, qui appartenait jadis à notre pays, et que j'ai revu avec plaisir tout aussi honnête homme qu'il l'était à Berlin (1). Son mérite est si généralement reconnu,

____

(1) Pourquoi M. Lagrange aurait-il perdu quelque chose de son savoir, de ses qualités aimables et de sa

qu'il a été promu à la charge de séna-
teur. Je me rappelle avec délices les
momens agréables que j'ai passés chez
lui.

---

probité, en venant de Berlin à Paris, puisqu'en faisant
le même voyage, M. Kotzebue a conservé tout ce que
nous lui connaissions d'impartialité, de délicatesse, de
jugement et de goût ; puisqu'il se montre absolument le
même qu'il était lors de son premier voyage à Paris il y
a treize ans, et à la suite duquel il a publié une relation
si intéressante et si polie, sous le titre de *Ma fuite à Paris,*
dont on trouve un extrait, assaisonné de réflexions spirituelles, dans le feuilleton du *Journal des Débats*, sous
la date du 24 frimaire an 12 ?

CHAPITRE IV.

Sur madame Récamier.

Il est triste de trouver un nid de chenilles sur une belle fleur (1) : on peut employer la fumée pour se délivrer de ces insectes ; mais quelquefois cela nuit à la fleur. Il en est de même de la réputation d'une femme, la plus tendre de toutes les fleurs. Il est plus heureux pour une belle qu'on ne parle point du tout d'elle que d'en parler trop ; car, quand elle aurait la conduite la plus honnête, la calomnie peut lui attribuer des torts. D'après ces motifs, j'ai été long-temps indécis de savoir si je devais blâmer ou laisser dans l'oubli les mauvais propos que se sont permis plusieurs journalistes allemands contre la bonne et aimable madame Récamier ; et si j'ai entrepris de les

---

(1) Voilà un début qui promet !

réfuter, convaincu que je suis que l'envie reçoit toujours plus volontiers les impressions de la calomnie que celles de la vérité, c'est que j'ai été entraîné plutôt par mes propres sensations que par l'espérance de tromper les envieux.

J'ai appelé madame Récamier bonne et aimable : beaucoup de mes lecteurs ont dû s'attendre que je la nommerais d'abord belle ; il est vrai, elle est belle, très-belle, et celui qui ne l'a que peu vue parlera d'abord de sa beauté, mais comme la laideur disparaît devant l'amabilité, il en est de même de la beauté. Nous ne faisons point attention aux couleurs de la rose et de la violette, pour ne nous occuper que de leur parfum, et en savourer toute la douceur.

J'avais des préjugés contre madame Récamier lorsque j'arrivai à Paris ; je m'imaginais voir une coquette énivrée des hommages qu'on lui rendait, croyant être la plus belle, ne voyant et n'aimant qu'elle seule, recevant avec orgueil ces hommages qu'elle regardait comme lui étant dus, se mettant au-dessus de toutes les convenances ; et que sais-je encore ? j'ajoutais foi à toutes les calomnies que les journalistes allemands avaient débitées sur son compte. Je desirais la voir, mais non pas la connaître. Ce fut à l'Opéra que je satisfis ma curiosité pour la première fois. « Voilà madame Récamier, « me dit un de mes voisins », et naturellement je m'avançai pour regarder dans la loge qu'il me désignait. Mes regards la cherchèrent dans le premier rang, m'imaginant qu'elle brillait plus de l'éclat de ses diamans que de sa beauté ; mais je ne l'aperçus point. Elle était dans le fond de la loge, comme la violette cachée dans l'herbe ; ses cheveux étaient sans ornemens ; vêtue d'une simple robe blanche, elle n'était parée que des graces de la modestie, et paraissait rougir d'être si belle.

Cette première vue produisit sur moi une impression agréable, et j'acceptai avec plaisir la proposition qu'on me fit de me présenter chez elle. Quoiqu'elle

fût au milieu d'une société brillante,
elle avait la mise la plus simple. « Les
« femmes qui connaissent leurs avan-
« tages savent que la beauté paraît
« mieux lorsqu'elle est sans ornemens
« étrangers ». Madame Récamier connaît
aussi ses avantages, mais qui pourrait
là-dessus lui faire un reproche de coquet-
terie ? Quant à moi, qui connais assez
bien les femmes (1), je desirerais de
tout mon cœur que cette espèce de co-
quetterie devînt générale. Presque toujours madame Récamier se met en blanc,
et très-décemment. Elle n'a sur la tête
d'autre ornement que ses cheveux châ-
tains, quelquefois tressés, ou tombant en
boucles ; d'autre fois relevés négligem-
ment, et retenus par un peigne. Je l'ai vue
presque tous les jours pendant plusieurs
semaines, sans qu'elle ait jamais eu de
parure de diamans. Si elle en portait, on

---

(1) Le fat ! il ne lui manquait plus que cela ! Un petit-
maître de cinquante ans !.... cela ne laisse pas que d'être
intéressant.

ne s'en apercevait pas, parce que l'on ne considérait qu'elle même. L'amabilité, la modestie, un charme inexprimable, sont les trois graces qui président à sa toilette. Qu'il soit donc question de sa beauté pour la dernière fois. Ce charme, cet enchantement, comme on voudra l'appeler, est sans contredit beaucoup plus que la beauté. Je connais une autre dame qui, comme madame Récamier, réunit dans ses traits cet air qui attire tous les hommages...... Le respect m'empêche de la nommer (1). Personne comme madame Récamier ne sait faire les honneurs de sa maison ; il règne chez elle un ton décent sans être forcé. Elle reçoit plusieurs des principaux fonctionnaires de l'état, des étrangers de distinction, des poètes, des savans et des artistes. Quoiqu'habituée au rôle brillant qu'elle joue dans le grand monde depuis plusieurs années, elle paraît d'abord

____

(1) M. Kotzebue, vous ne voyez donc pas que vous dites l'injure la plus grossière à madame Récamier, tout en voulant faire son éloge ?

un peu embarrassée avec les personnes auxquelles elle suppose du mérite (1). Qui connaît le cœur humain pourra bien remarquer, par quelques traits de son caractère, que la vanité qu'elle pourrait tirer de ses avantages extérieurs ne lui fait négliger aucunement les qualités essentielles ; elle semblerait au contraire vouloir les dérober à tous les yeux.

Quand je n'aurais rien de plus à dire sur madame Récamier, je crois que j'en ai fait un assez bel éloge ; mais tout ce que j'en ai dit est bien peu de chose, comparativement à la bonté de son excellent cœur. Au milieu du tourbillon de Paris, elle remplit tous les devoirs d'une épouse sage, quoique son mari soit d'âge à être son père. La calomnie même ne l'a jamais attaquée de ce côté. Elle n'a point d'enfans, mais elle soigne avec une tendresse vraiment maternelle

---

(1) Quelle modestie ! Jugez, d'après cela, de ce que madame Récamier a dû éprouver en se trouvant en face d'un homme aussi célèbre ! Il y avait réellement de quoi la déconcerter.

ceux d'une de ses parentes, auxquels elle tient lieu de mère. Elle est amie sincère, peut-être même un peu enthousiaste; malgré cela, constante dans son amitié, ainsi que me l'ont assuré ses anciens amis. Mais il y a aussi une petite ombre au tableau. Elle aime à faire de grands sacrifices pour ceux qu'elle aime; elle en fait rarement de petits. Tant qu'il n'est pas question de leur bonheur, et qu'il s'agit seulement de leurs plaisirs, elle les néglige sans réflexion, pour s'occuper des devoirs de la société, qu'elle remplit cependant sans y prendre goût. Ce défaut tient particulièrement au naturel des femmes, qui veulent plaire à tout le monde; il tient aussi à la manière de vivre de Paris.

Madame Récamier est sage sans vouloir le paraître. Si elle n'allait pas si souvent à la messe, on ne jugerait de sa sagesse que par ses bonnes actions (1);

____

(1) En attendant que M. Kotzebue ajoute à son ouvrage un commentaire qui nous paraît de plus en plus nécessaire, il me permettra de lui dire que cette manière de

elle signale chaque jour par des bienfaits. Je sais que ce n'est pas un grand mérite pour des gens riches de donner de l'argent, et même d'en donner beaucoup ; mais c'est la façon de donner qui en fait le prix, et c'est sur-tout en cela que j'ai trouvé madame Récamier noble et bienfaisante. Il est impossible qu'elle ait voulu faire parade devant moi de sa bienfaisance (comme quelques envieux l'ont prétendu), car j'avais entrée chez elle à toute heure du jour, et j'ai été souvent le témoin inattendu de plusieurs actes d'humanité.

Je n'oublierai jamais ce beau jour où je la trouvai seule avec une jeune fille sourde et muette qu'elle avait recueillie en allant se promener dans je ne sais quel village. Cet enfant avait été élevé à ses frais pendant quelque temps ; elle lui avait ensuite procuré une place

---

faire l'éloge de quelqu'un est par trop inintelligible ; quant à moi, j'estime que ceci est un logogryphe indéchiffrable.

à l'excellent institut des Sourds-Muets ; dans ce moment elle venait de la faire habiller à neuf, et se l'était fait amener pour la conduire elle-même à l'abbé Sicard. Elle faisait déjeûner cet enfant dans son salon de compagnie, sur une table de marbre, et près d'un miroir dans lequel cette petite fille pouvait se voir des pieds à la tête, probablement, pour la première fois. L'émotion de la charmante bienfaitrice en voyant la joie et l'étonnement de cette petite fille, les larmes de la pitié qui coulaient de ses yeux en la baisant au front, la bonté maternelle avec laquelle elle l'engageait à manger, et lui mettait dans les poches ce qui restait dans le sucrier ; les remerciemens inarticulés de l'enfant, qu'il exprimait par une sorte de cri qui me remplissait d'émotion, seront long-temps présens à ma mémoire.... Non, il n'y avait point d'artifice dans toutes ces sensations, et c'est la seule fois en ma vie que j'ai été témoin d'une pareille scène,

Quand les envieux ne peuvent faire
croire à leurs accusations contre la vertu
et la moralité d'une femme aimable, ils
finissent par dire qu'elle n'a point d'esprit. En effet, si l'on n'appelle spirituelle
que la femme qui s'entend mieux aux
maximes de la philosophie qu'aux ouvrages de l'aiguille ; qui, sans avoir besoin de réfléchir, dit son sentiment sur
les nouvelles productions de la littérature et des beaux-arts ; qui ne parle que
des gens de lettres ; qui prend parti dans
les opinions qui les divisent : alors on ne
dira pas que madame Récamier est une
femme d'esprit. Mais si un jugement
sain, et dégagé de préjugés, le goût de
tout ce qui est noble et beau (qu'il pro-
vienne d'où l'on voudra), si la connaissance des vérités naturelles et des produits des beaux-arts peuvent donner à
une dame des prétentions à l'esprit, madame Récamier doit en avoir plus que
bien d'autres, et plût à Dieu que, pour
l'avantage des époux, et pour que les
dames soient plus long-temps aimables,

il n'y ait jamais de femmes plus spirituelles.

On me demandera peut-être comment
on peut juger de l'esprit d'une femme.
On peut se fier d'autant plus au jugement
que je porte, que non-seulement je vis
madame Récamier presque tous les
jours, mais qu'en outre une circonstance
particulière me mit à portée de juger de
son esprit; circonstance dans laquelle ni
homme ni femme n'aurait pu dissimu-
ler son insuffisance. Je fus promener en
voiture avec madame Récamier pendant
quatre ou cinq heures, sans autre compagnie que celle des enfans dont elle
prend soin, et qui, certainement, ne se
mêlèrent point de la conversation. Il n'y
a pas de moyen plus sûr pour connaître
le degré d'esprit d'un homme qu'une
conversation suivie en voiture (à moins
que le sommeil ne s'en mêle), c'est là
qu'il doit se développer; et si les personnes qui sont renfermées dans une
voiture étroite ont l'une pour l'autre un
sentiment d'amitié, c'est là que la con-

fiance est plus grande, et....... en un mot...... cette femme que l'on dit sans esprit, m'a fait voir, pendant quatre heures, qu'elle en avait (1).

Le dernier reproche que l'on fait à mon amie (2), et qui est insignifiant, c'est son amour pour la magnificence. On a vu déja plus haut que la parure n'est pas pour elle une affaire de luxe. Les escaliers de sa maison ressemblent à un jardin, c'est affaire de goût; les tentures de ses appartemens sont en soie, les cheminées sont de marbre blanc, les pendules et autres meubles ont des ornemens en bronze doré, les glaces sont très-grandes; mais tout cela convient

____

(1) J'ai traduit *littéralement* ce passage, pour donner à ma nation une idée de la moralité de M. Kotzebue, et je ne me permettrai aucune réflexion sur ce qui concerne madame Récamier; je laisse à mes lecteurs la liberté de qualifier comme ils le voudront la conduite d'un homme envers lequel on a exercé l'hospitalité avec toute la délicatesse, la franchise et l'amabilité françaises, et qui la paie par des équivoques grossières, des mensonges, des injures, ou des calomnies.

(2) Son amie ! !.....

parfaitement à un riche particulier. Je
n'ai point trouvé de luxe chez elle, dans
tel sens qu'on veuille l'entendre ; j'y ai
vu du goût par-tout, et de l'élégance seulement dans un ou deux appartemens.
Une antichambre, deux salons de compagnie, une chambre à coucher, un cabinet, et une salle à manger, voilà tout
son logement ; et certainement une pe-
tite-maîtrese allemande qui serait aussi
riche ne se contenterait pas ainsi. Encore un trait, pour prouver combien peu
madame Récamier cherche à éblouir par
son luxe. Lorsque nous allâmes promener ensemble, comme je l'ai dit plus
haut, nous montâmes dans une voiture
très-propre, mais simple, et attelée de
deux chevaux ; nous trouvâmes à la bar-
rière un joli phaéton avec un très-bel
attelage, qui nous attendait. Je lui té-
moignai ma surprise ; elle me dit : « Je
« n'aime pas à me montrer en ville dans
« cette voiture, on y attire trop l'atten-
« tion ». Si c'est là de la vanité, au moins
elle est cachée.

Qu'on rassemble maintenant tous ces traits épars, et copiés d'après nature, et l'on dira : Voilà un charmant portrait.

Voyons maintenant ce que disent les journaux allemands ; ils assurent que pendant que madame Récamier a été en Angleterre, son mari, qui était resté à Paris, disant un jour qu'il n'avait point de nouvelles de sa femme, une espèce de bel esprit lui demanda avec ironie s'il ne lisait pas la gazette. Quand cela serait vrai, que peut-on en conclure ? Madame Récamier peut-elle empêcher que les journalistes anglais ne saisissent les plus petites circonstances pour remplir leurs feuilles ? Est-ce donc à elle seule que pareille chose est arrivée ? Lisez le *Morning-Chronicle*, etc., vous y trouverez souvent des descriptions de la sensation qu'aura faite à un gala la parure de telle ou telle dame.

Les journalistes allemands ont encore reçu d'autres informations. Madame Récamier avait donné un jour un bal ; mais elle s'était couchée sur le minuit, et avait reçu dans sa chambre à coucher tous ceux qu'elle avait conviés à ce bal. Il y a quelque chose de vrai dans cette anecdote. La belle madame Récamier fut saisie à ce bal d'un mal subit et violent ; mais elle eut la bonté de ne pas vouloir troubler la joie commune ; elle se retira donc dans son appartement, et se coucha. Quelques amis particuliers vinrent savoir des nouvelles de son état ; et cette circonstance si simple, si naturelle, occasionna ce conte ridicule.

Voici encore une anecdote que rapportent les journalistes allemands. L'auteur dramatique Picard*, disent-ils, avait fait une pièce dans laquelle cette dame était tournée en ridicule ; mais le mari a acheté la pièce pour une somme assez forte (1). Je suis autorisé par Picard lui-même à démentir cette calomnie ; il ne lui est jamais venu dans

_____

(1) M. Kotzebue se trompe ; la pièce dont il est ici question n'était pas de Picard.

l'idée d'écrire quelque chose contre madame Récamier : la vérité du fait est
qu'on s'est permis à la représentation de l'une de ses pièces, quelques
applications ridicules qui paraissaient
dirigées contre madame Récamier ; et
M. Picard, pour faire cesser les mauvais propos, et sans aucune spéculation basse, sans même aucune sollici-
tation, a eu la délicatesse de retirer sa
pièce.

On avait fait à Paris une caricature
sur cette dame ; elle entra un jour dans
un magasin de gravures, et on la lui
offrit sans la connaître ; elle m'a elle-
même raconté le fait. Elle fut surprise
d'abord ; mais elle regarda cette gravure
de sang-froid. « Sans doute, dit-elle au
« marchand, cette personne a mauvaise
« réputation. Point du tout, répondit-il
« sur-le-champ ; c'est une dame dont
« la réputation est sans tache ». Et il
continua de lui prodiguer des éloges qui,
n'étant pas suspects, la consolèrent de
l'intention qu'on avait pu avoir en tra-

çant la caricature qu'elle avait entre les mains.

Je pourrais parler encore sur ce sujet, et rapporter des traits qui ne sont remarquables que pour l'observateur exercé, parce qu'ils font voir le fond du cœur; mais il ne me convient pas d'en dire davantage ; un ami n'a aucun droit de publier ce qui se passe dans l'intérieur de la maison d'une femme bienfaisante. Je crois en avoir dit assez pour faire rougir les journalistes allemands (1), et pour détruire les préjugés qu'on pourrait avoir sur madame Récamier.

Puisse-t-elle jouir long-temps d'un bonheur qu'elle doit plus à son cœur et à ses vertus qu'à sa richesse et à sa beauté.

---

(1) Et lui aussi, si la chose est possible.

CHAPITRE V.

Le Muséum des Monumens français.

C'EST, sans contredit, une des curiosités les plus remarquables de Paris. La vue de ce sanctuaire satisfait le cœur et l'esprit. Alexandre Lenoir, fondateur et directeur du Muséum, excité par la passion des arts, a rassemblé, en vertu d'un ordre qu'il a obtenu du gouvernement, environ six cents monumens français, tirés des anciens châteaux, des églises et monastères supprimés. Quelques-uns de ces monumens remontent jusqu'au sixième siècle ; tous, sans exception, excitent puissamment l'intérêt, sous le rapport du travail ou du progrès des arts, ou relativement à l'histoire. Le couvent supprimé des Petits-Augustins a été disposé pour rassembler ces trésors ; et cet antique local, avec ses cours et ses

8.

jardins, a été parfaitement utilisé pour cet objet. Alexandre Lenoir a rassemblé, autant que possible, et avec le plus grand soin, ce que l'affreux vandalisme de la révolution avait voulu détruire ou mettre en pièces ; lui-même était présent par-tout, et toujours occupé. Il a fait, entre autres, des observations très-intéressantes sur l'exhumation des cadavres à l'abbaye de Saint-Denis. Beaucoup, ensevelis dans des cercueils de pierre (usage qui remonte aux premiers temps de la monarchie), furent trouvés avec leurs habits encore entiers, et avec quelques petits meubles qui avaient dû servir à leur usage ; les vandales mirent ces habits en pièces, et ce qui se trouva d'or ou d'argent fut porté à la monnaie.

On entre d'abord dans l'ancienne église, qui est remplie de monumens de tous les siècles, rangés suivant l'ordre chronologique, et artistement groupés. De là on passe sous une galerie voûtée. Ce lieu est obscur, parce que les vitraux peints ne laissent passage qu'à une lumière vague et incertaine. Ce sont les restes informes du XIIᵉ siècle. On voit sous cette voûte les statues de rois et de reines, à genoux sur leurs tombeaux, dans l'attitude de la dévotion ; ces statues ont les mains plates, et jointes ensemble ; tout ce qui les entoure, les vitraux même, datent d'une époque très-reculée ; tout y est sombre et triste, et il est impossible de marcher dans cette obscurité des tombeaux sans être saisi d'une terreur secrète. De là, on passe dans la salle gothique, où sont rassemblés les monu-mens du quatorzième siècle ; là, il n'est pas une statue, pas même une pierre em-ployée comme ornement, qui ne soit un reste des monumens de ce même siècle. Le curieux, bravant le temps, continue de marcher ainsi de siècle en siècle, jus-qu'au dix-huitième ; il arrive enfin à l'allée des Ombres dans l'Elysée (ancien jardin du couvent) ; là, il s'arrête devant un grand homme, ou va se reposer sur la tombe du bon La Fontaine.

J'espère ne pas ennuyer en décrivant

en peu de mots les monumens qui m'ont le plus frappé. A l'entrée de l'église, à droite , on voit un autel de pierre ; cet autel fut consacré à Jupiter sous le règne de Tibère, par les négocians de Paris qui faisaient le commerce sur l'eau (1). Parmi les sculptures qui ornent cet autel, on reconnaît Mercure, Bacchus et Vénus, et l'on admire la constance des Parisiens, qui, depuis dix-huit siècles, honorent ces trois divinités païennes, qu'ils prennent bonnement pour des saints (2).

Cette pierre que j'aperçois, avec une inscription grecque, couvrait la tombe de deux époux qui s'aimaient, Philo-

---

(1) M. Kotzebue vient de dire que quelques-uns de ces monumens remontaient jusqu'au sixième siècle; celui-là est bien plus ancien, étant du règne de Tibère, qui date de l'an 14 avant J. C.

(2) Ils sont si bêtes, ces Parisiens, ils ont si peu de goût !.. Vraiment, ils ont bien fait une autre bévue. Ne se sont-ils pas avisés de croire que M. Kotzebue avait de l'ins-truction, du jugement et des connaissances? n'ont-ils pas eu la sottise de le croire susceptible de reconnaissance ,

tarès et Timagore. Ce n'est point une inscription fastueuse qui annonce leur amour : un bas relief très-simple représente ces deux époux, qui se donnent la main pour descendre chez les morts.

Salut à Moschus, fils de Moschus. Ce peu de paroles appelle l'observateur près d'une tombe en marbre de Paros. C'est celle d'un poète célèbre qui mourut en Sicile 285 ans avant l'ère vulgaire. Aucune espèce de flatterie ne profane sa mémoire ; mais après vingt siècles, chacun le salue encore joyeusement : *Salut à Moschus.*

J'aperçois une longue suite de noms grecs, inscrits sur ces tables de marbre ; ce sont ceux des braves guerriers de la

---

ou tout du moins de politesse et d'égards ? Ne l'ont-ils pas caressé, fêté, comme s'ils avaient eu affaire à l'homme le plus honnête et le plus délicat ? Eh bien ! l'expérience prouve aujourd'hui qu'ils se sont trompés aussi lourdement à cet égard qu'à l'occasion du bas-relief dont il s'agit ; mais heureusement l'erreur n'a pas été d'aussi longue durée ; et grace aux *souvenirs* aimables de M. Kotsebue, nous savons au juste maintenant à quoi nous en tenir sur son compte.

race des Erechthides (1), qui moururent
sur le champ de bataille. La reconnaissance de leurs concitoyens grava leurs
noms sur ce monument, qui fut érigé
en leur honneur peu de temps après la
mort de Cimon , lors de la guerre du
Péloponnèse, et par conséquent il y a
deux mille trois cents ans. Qui peut
considérer ces caractères sans y voir
toute l'histoire de la Grèce, que nous
sommes sur le point de regarder comme
fabuleuse (2)? On regarde avec beau-
cour d'indifférence un vase grossier d'albâtre oriental , qu'une tradition singulière dit avoir servi aux noces de Cana.
Grand Dieu ! quels hommes auraient
douc été conviés à ces noces, puisqu'ils
auraient été capables de se passer de
main en main un vase qui pèse au moins
cinq cents livres !

----

(1) On appellait ainsi les Athéniens, du nom d'Erech-
thée, fils de Pandion , et sixième roi d'Athènes.

(2) Ces deux tables de marbre ont été transportées au
Musée-Napoléon , sans doute parce que ce n'est pas un
monument national.

Je considère, en souriant, une tombe d'un genre particulier, et dont l'antiquité remonte jusqu'au sixième siècle : c'est celle du roi Dagobert Ier, qui souilla ses victoires par sa cruauté et ses débauches, et qui, sans compter ses concubines, avait en même temps trois épouses; mais il expia tous ses péchés en faisant bâtir l'abbaye de S.-Denis, et il fut mis au nombre des saints (1). Des bas-reliefs très-grotesques représentent ce qui lui est arrivé après sa mort. Il faut commencer par le bas, où l'on voit d'abord le corps de Dagobert étendu; un peu plus haut, des diables sont dans une nacelle, ayant au milieu d'eux l'ame de Dagobert, qu'ils tourmentent. Si le dessein de l'artiste a été de rendre ces diables affreux et épouvantables, il a totalement manqué son but; car ils sont tous très-comiques, ayant sur des corps humains des têtes de grenouilles, de chiens et

____

(1) Par quelques chronologistes ; mais ce titre n'a point été confirmé par l'église.

8*

autres figures analogues. Pour faire voir que l'homme qu'ils tiraillent au milieu d'eux n'est pas proprement un homme, mais une ame, l'artiste a supprimé les parties sexuelles. Il n'a pas tant de tort ; s'il avait pu supprimer l'estomac de la même manière, il aurait ôté à l'homme ce qui l'empêche d'être une ame. Un peu au-dessus, paraissent S. Denis et S. Martin entre deux anges, que Dagobert a invoqués dans sa détresse ; ils enlèvent aux diables leur proie, et l'on voit plusieurs de ces esprits infernaux à tête de grenouille se plonger dans l'eau d'une manière tout-à-fait plaisante. Au-dessus on voit l'ame entre les deux anges qui l'ont sauvée, qui l'enveloppent d'un drap, et qui la purifient avec des parfums. Enfin, tout-à-fait en haut, les deux saints sont à genoux devant Abraham, et le prient de recevoir l'ame dans son sein. Il existe en outre deux statues qui étaient à côté du tombeau ; l'une est celle de Nantilde, épouse de

Dagobert, et l'autre celle de Clovis (1) leur fils.

Je me sens à-la-fois saisi de terreur et de respect en me trouvant entre les tombeaux de Frédégonde et de Bertrude ; la première., ennemie de Dieu et des hommes (2), a assassiné son mari (3) ; l'autre a tâché constamment d'adoucir, par l'aménité de son caractère, le cœur sauvage et farouche de son époux, et de sauver les victimes qu'il voulait immoler. Elle avait épousé Clotaire II, fils de Frédégonde ; c'est lui qui a érigé ces deux tombeaux.

J'éprouve un serrement de cœur bien vif en entrant dans cette salle dont la construction annonce le douzième siècle ; ces statues, ces débris, proviennent de l'abbaye du Paraclet ; sur cette tombe est la statue d'Abeilard. C'est celle que

_____

(1) Clovis II.
(2) Grégoire de Tours l'appelle ainsi.
(3) Et beaucoup d'autres.

Pierre le vénérable (1) fit élever à la mémoire de son ami. Abeilard a la tête baiss-
sée et les mains jointes : près de lui est son
amante ; les têtes de ces intéressantes créa-
tures ont été sculptées d'après nature, et
ce qui rend bien plus précieux encore ce
monument, c'est qu'il renferme réellement les cendres réunies de ces deux
amans. Abeilard ! Héloïse ! je pose la main
sur la pierre qui vous couvre : Pierre
froide et insensible, ai-je dit ? Mais je retire ma main bien vîte, car cette pierre me
brûle. L'inscription latine qui pare cette
tombe est d'une si noble simplicité, que
je ne puis résister au plaisir de la transcrire ici. On l'attribue à Marmontel.

H I C

Sub eodem marmore jacent

Hujus monasterii

Conditor, Petrus Abelardus,

Et abbatissa prima Heloïsa ;

Olim studiis, ingenio, amore, infaustis nuptiis ;

Et pœnitentia ;

Nunc æternâ, quod speramus felicitate

Conjuncti.

---

(1) Abbé du monastère de Cluni, qui sollicita et obtiût
du pape Innocent II la grace d'Abeilard.

Un couple amoureux qui va visiter les choses remarquables dont Paris fourmille, devrait renouveler sur cette tombe le serment de fidélité. Il jetterait en passant un regard de mépris sur celle qui renfermait le corps de l'Abbé de Saint-Denis, Adam, l'ennemi acharné d'Abeilard. Ce fut lui qui persécuta et fit enfermer ce philosophe, pour avoir osé avancer une espèce d'hérésie ; savoir : que les ossemens que l'on conservait à Saint - Denis n'étaient pas ceux de S. Denis l'aréopagiste, qui n'était jamais venu en France (1).

Cette petite boîte, incrustée d'ivoire, est un morceau d'un travail unique, et qui mérite qu'on y fasse attention. Louis IX la rapporta remplie de reliques à son

—————

(1) L'auteur se trompe ; ce ne fut pas là le motif des persécutions dont Abeilard fut la victime, et ce n'est pas non plus l'abbé de Saint-Denis qui le fit enfermer, mais le concile de Sens, présidé par S. Bernard, en 1140. Le concile ordonna que les livres d'Abeilard seraient brûlés et l'auteur enfermé, avec défense d'enseigner à l'avenir : cet ordre fut ratifié par le pape.

retour de la Palestine, et on l'a conservée depuis ce temps dans la Sainte-Chapelle, comme une relique, quoique les bas-reliefs représentent clairement le voyage des argonautes allant à la recherche de la toison d'or (1).

Ce grand bas-relief qui attire l'attention est tiré de l'abbaye de Saint-Denis, et n'est remarquable que par l'assemblage bizarre de différens objets. Il représente la passion de J. C.; à l'un des côtés l'on voit S. Eustache, et de l'autre les Enfans dans la fournaise. Un autre qui représente l'Annonciation de la Vierge n'est pas moins extraordinaire. La Vierge en prières regarde avec étonnement le jeune Gabriel, habillé comme un petit-maître de ce temps-là. Il n'ose pas parler, mais il déroule avec discrétion un écrit qui développe le but de sa mission. Au-dessus on voit Dieu le père, dont la figure est toute dorée;

____

(1) Il est heureux que M. Kotzebue soit venu en France pour nous faire faire cette découverte.

le Saint-Esprit sort par sa bouche, et va droit à Marie.

L'œil s'arrête volontiers sur cette statue de marbre blanc, qui éternise la mémoire et les traits d'une femme bonne et sensible, Valentine de Milan, épouse du duc d'Orléans qui fut assassiné à Paris en 1407; Valentine ne put survivre à sa perte : elle mourut de chagrin en 1408. Sa devise est d'un genre touchant, c'est une aiguière penchée d'où il tombe des gouttes d'eau qui ressemblent à des larmes, avec cette inscription :

> Rien ne m'est plus.
> Plus ne m'est rien.

Cette statue de Pierre de Navarre rappelle la mort terrible de son père, Charles second, roi de Navarre, surnommé *le mauvais*. Il fut bien puni de ses cruautés. Etant attaqué d'une espèce de paralysie, il ne pouvait plus remuer aucun membre. Les médecins lui conseillèrent de se faire coudre des pieds à la tête dans une espèce de linceul qui aurait été auparavant trempé dans de l'esprit de vin. Ce fut le soir qu'on le mit dans cette espèce de sac. Une des femmes du palais vint le lui coudre au-dessous du menton ; quand cela fut fini, elle voulut couper le bout du fil qui lui restait ; mais ne trouvant point de ciseaux sous sa main, elle prit la lumière pour couper le fil ; dans l'instant le roi fut enflammé ; cette femme, effrayée, s'enfuit, et Charles le mauvais brûla vif dans son lit.

Cette statue de marbre nous met sous les yeux les traits de Charles d'Orléans, prince qui excite l'intérêt comme bisaïeul de François Ier, mais plus encore comme poète élégant. Un manuscrit qui se trouve dans la bibliothèque nationale renferme les productions de son génie ; j'en donne ici une petite esquisse.

BALLADE.

Jeune, gente, plaisante et débonnaire,
Par un prier qui vaut commandement,
Chargé m'avez d'une ballade faire,
Je l'ai faite de cœur joyeusement.

Or, la veuillez recevoir doucement.
Vous y verrez, s'il vous plaist à la lire,
Le mal que j'ai, combien que hardiment
J'aimasse mieux de bouche vous le dire.

Votre douceur m'a sçu si bien attraire,
Que tout vostre je suis entièrement,
Très-desirant de vous servir et plaire;
Mais je souffre maint douloureux tourment
Quand à mon gré je ne vous vois souvent,
Et me déplaist quand me faut vous l'écrire;
Car si faire je pouvais autrement,
J'aimasse mieux de bouche vous le dire.

C'est par dangier, mon cruel adversaire,
Qui m'a tenu en ses mains longuement.
En tous mes faits je le trouve contraire,
Et plus se rit, quand plus me voit dolent.
Si je voulais raconter pleinement
En cet écrit mon douloureux martyre,
Trop long serait; pour ce certainement
J'aimasse mieux de bouche vous le dire.

C'est ainsi que l'on chantait l'amour au quinzième siècle.

En avançant, on trouve la statue d'Isabeau de Bavière, femme de Charles VI, et qui mourut détestée de la nation. Son corps fut conduit à Saint-Denis dans une simple bière, et accompagné d'un seul prêtre. On s'arrête plus volontiers devant la pucelle d'Orléans; mais on cherche en vain dans ses traits ce courage mâle qu'elle employa à remettre sur le trône l'homme dont la statue est près de la sienne. On accuse cet homme d'avoir été assez faible pour abandonner à la rage du fanatisme celle qui l'avait sauvé, sans faire seulement une tentative pour la délivrer.

Cette autre statue agenouillée m'intéresse par son objet et comme monument des arts, c'est celle de Philippe de Villiers de l'Isle-Adam, grand-maître de l'ordre de Saint-Jean de Jérusalem, qui, par sa valeur et sa prudence, résista à 200,000 Turcs pendant le fameux siége de Rhodes, jusqu'à ce qu'il fut forcé de se rendre, par la trahison de son chancelier Amaral. Charles-Quint lui donna l'île de Malte (1). A sa mort, il fut regretté par ses chevaliers comme

______

(1) C'est à cette époque, c'est-à-dire depuis 1530, que les chevaliers de Saint-Jean de Jérusalem ont pris le nom de chevaliers de Malte.

un héros et un père. On grava sur sa tombe cette inscription simple, et qui renferme en peu de mots l'éloge le plus complet : *Ici repose la vertu victorieuse de la fortune.*

Je regarde avec respect la chapelle où se trouve le tombeau de François Ier, restaurateur des arts. Le corps de ce roi et celui de son épouse, Claudine de France, sont sculptés avec une vérité qui fait illusion ; les bas-reliefs qui l'entourent sont intéressans, en ce qu'ils représentent fidèlement les habillemens et les différentes pièces d'armures de ces temps-là. Au-dessus de l'entablement, qui est soutenu par seize colonnes d'ordre ionique, on remarque les statues du roi et de la reine, à genoux et en prières ; elles sont environnées de leurs enfans, dont les habits de cour font un contraste frappant avec les emblêmes de la mort qui sont au-dessous. Je trouve aussi le corps de Léonard de Vinci, l'ami de son roi, admirablement sculpté en marbre blanc ; mais je vois avec peine que déja dans le seizième siècle, l'amour-propre était aussi actif qu'à présent, et qu'on profanait les monumens les plus sacrés en y inscrivant des noms obscurs. Vous voyez par exemple un Hugues Betault en 1580, un Lormel en 1584, qui ont gravé leurs noms sur le monument de François Ier, voulant peut-être par là s'immortaliser.

Cette belle colonne entourée de feuilles de pampre et de laurier supporte la figure de la Justice, et renferme le cœur du connétable de Montmorency, et celui d'un roi qui voulut être uni à lui à la vie et à la mort. L'inscription manque de goût, mais elle est expressive et sentimentale. Quoiqu'il ne soit question du roi que dans les quatre derniers vers, je ne sais trop à qui l'inscription fait plus d'honneur, si c'est au fidèle sujet (car on n'en trouve pas beaucoup), ou au roi son ami, qui a peu de ses pareils.

Je ne m'arrêterais pas un instant près de la statue agenouillée du chancelier René Birague (qui, de concert avec l'affreuse Catherine de Médicis, répandit des torrens de sang la nuit de la Saint-Barthelemy), si la vue de son épouse, qui est au-dessous de lui, ne me retenait. Habillée dans le costume du temps, elle repose sur des coussins, la tête appuyée sur la main ; elle tient un livre devant elle, mais elle paraît ne s'en occuper qu'avec distraction, parce qu'un joli petit chien, qui la caresse, l'en empêche. C'est l'image de la vie heureuse et tranquille, pendant laquelle on ne pense pas à la mort, qui vient vous surprendre au moment où l'on s'y attend le moins. Regardons au-dessous, nous verrons le corps de cette même femme ; ses membres sont roidis, ses formes si agréables ont disparu ; son œil est éteint ; un simple linceul a pris la place de ces riches habits : cet assemblage de la vie et de la mort fait une impression profonde sur le spectateur, et paraît moins un monument qu'une satyre de la vie humaine.

Quelle est cette statue près de laquelle

j'ai vu si souvent d'*anciens* Français rassemblés en la considérant avec émotion ? C'est celle du bon Henri IV. On ne trouve aucune statue qui lui ressemble plus que celle-là, d'après le témoignage de M. Lenoir, qui était présent à Saint-Denis lorsqu'on ouvrit le cercueil de Henri, dont le corps fut trouvé entier.

Malgré l'inscription pompeuse qui décore le tombeau du maréchal de France Albert de Gondy (1), je découvre sa honte dans ce monument des arts qui nous rappelle son souvenir; car c'est lui qui rendit Charles IV si cruel. Passons vîte, mais arrêtons-nous devant la statue de cette femme, c'est celle de Claude-Catherine de Clermont-Tonnerre (2), protectrice des sciences, et les cultivant elle-même. Lorsque les ambassadeurs polonais vinrent présenter au fils de Catherine de Médicis le décret de

----

(1) Il est plus connu sous le nom du maréchal de Retz.

(2) Cette demoiselle Clermont-Tonnerre épousa en seconde noces le maréchal de Retz.

son élection au trône de Pologne, ce fut
elle qui leur répondit en latin au nom
de sa souveraine ; son discours fut si
éloquent, que le vieux chancelier Birague, qui avait répondu pour Charles
IX, fut honteux d'être resté si fort au-
dessous d'elle. L'inscription la nomme
héroïne comparable à tout ce qu'il y a de
plus distingué dans l'antiquité. (*Heroina
cum quavis prisci aevi comparanda*).

Je n'avais jamais entendu le nom de
Dominique Sarrède ; mais avec quel
plaisir me suis-je arrêté devant son buste,
quand j'ai appris avec quelle fidélité il
avait aimé Henri I V ! Il perdit une jambe
à la bataille d'Ivry, cela ne l'empêcha
pas de continuer à servir son roi. Sa
douleur fut si grande lorsque ce mo-
marque lui fut enlevé par un assassinat,
que, passant deux jours après dans la
rue de la Ferronnerie, il se trouva mal
dans le lieu même où avait été commis
cet horrible attentat, et il expira le lendemain. On lui éleva à Ermenonville
un tombeau décoré de ses armes.

Le monument de l'intègre (1) président Pibrac date du XVIe siècle; il est couvert d'une pierre où est gravée l'histoire de sa vie, en latin, et où il y a aussi quatre strophes françaises qui expriment réellement toutes les qualités de l'honnête homme et du sage.

Salut à Philippe Desportes. Aimable poète érotique, toi qui fus aimé de trois souverains, honoré et récompensé par eux (2), et qui mourus dans l'abondance

____

(1) Les historiens français ne sont pas tout-à-fait d'accord là-dessus avec l'auteur allemand : Quand on n'aurait à lui reprocher que sa trop fameuse apologie de la Saint-Barthélemy , ce serait assez pour que sa mémoire ne fût pas tout-à-fait irreprochable.

(2) En effet, l'abbé Desportes jouit de la faveur constante et des bienfaits nombreux de Charles IX , Henri III et Henri IV. Henri III lui donna dix-mille écus pour le mettre en état de publier ses premiers ouvrages; Charles IX lui avait donné huit cents écus d'or pour son _Rodomont;_ l'amiral de Joyeuse lui fit avoir une abbaye pour un sonnet ; enfin il avait réuni sur sa tête plusieurs bénéfices qui lui produisaient plus de dix-mille écus de rente. Henri IV le combla de présens ; et il lui accorda en outre ce qu'il pouvait donner de plus précieux , son estime et son amitié : on conviendra que peu de poètes ont été aussi heureux et aussi bien payés de leurs vers.

et dans le repos..... Dans le repos?.... j'ai peine à le croire. As-tu pu oublier que Diane de Cossé-Brissac, ton amante chérie, surprise dans tes bras par son époux, fût immolée à sa vengeance et à sa jalousie? Est-il un coup plus cruel pour un amant?.... et cependant Desportes a oublié Diane. Une Hippolyte, une Laure, ont bientôt remplacé cette infortunée. Je passe outre, et je m'approche avec respect du monument voisin ; la Muse de l'histoire écrit sur ce bas-relief la vie de celui à qui il est érigé : c'est au célèbre historien de Thou.

Cette autre statue intéressera le physionomiste ; c'est Charlotte - Catherine de la Trémouille, accusée d'avoir empoisonné son mari, et déclarée innocente par le parlement. Comme la figure est, dit-on, très-ressemblante, le physionomiste peut décider si l'on a eu raison de l'accuser ou de l'absoudre ; quant à moi, je crois qu'elle n'a pas été accusée à tort.

J'avais admiré autrefois, à la Sorbonne, le tombeau du cardinal de Richelieu, ce chef-d'œuvre de Girardon. Une chose remarquable, et qui fait beaucoup d'honneur au directeur du musée, c'est qu'il exposa sa vie pour tirer ce beau mausolée des griffes des vandales, et qu'il fut même blessé d'un coup de baïonnette.

Un jeune Irlandais de la famille des Douglas mourut au champ d'honneur, dans la vingt-quatrième année de son âge ; une dame lui fit élever un monument, sur lequel elle fit placer l'inscription suivante, en vieux français, mais qui dit beaucoup :

Prou de pis , peu de pair , point de plus.

Cette belle et vertueuse princesse de Conti, qui fut enlevée au monde à l'âge de trente-cinq ans, en avait à peine dix-neuf lorsqu'elle vendit ses diamans pour une somme de 800,000 liv., qu'elle employa à secourir les pauvres dans un temps de disette. On ne saurait voir son tombeau sans éprouver un sentiment de reconnaissance, j'ai presque dit d'amour.

Mais je suis pénétré d'une vive émotion quand je considère le beau monument que Charles Lebrun a érigé à la mémoire de sa mère; un ange plane sur son cercueil, et sonne la trompette qui doit annoncer le jugement dernier; cette mère soulève le couvercle de son tombeau, et s'éveille gaiement comme si elle sortait d'un long assoupissement. L'art a bien servi la tendresse filiale; l'expression de la figure est admirable : un vif desir de voir la lumière céleste paraît animer le visage de cette femme.

Je te remercie, savant Girardon, de la grande instruction que tu as donnée à tous les ministres d'état, en élevant un monument à Louvois. L'Histoire tient un livre ouvert; elle tourne vers Louvois ses yeux baignés de larmes, et paraît lui montrer dans ses annales la place déterminée par les cruautés qu'il fit exercer dans le Palatinat.

Les deux vers français qui sont au bas d'une inscription latine du tombeau de Santeuil m'ont déplu , loin de me paraître écrits avec esprit.

> Ci-gît le célèbre Santeuil ;
> Muses et fous , prenez le deuil.

C'est un assemblage unique dans son genre (1).

Cette Melpomène en pleurs, penchée sur le buste de Crébillon , me rappelle une anecdote singulière. Ce morceau était destiné pour l'église de S.-Gervais, où Crébillon est enterré ; mais le curé déclara qu'il ne laisserait pas souiller le sanctuaire par un monument aussi profane : il voulait qu'on supprimât la muse et le buste de Crébillon (2). Je me

---

(1) Ces deux vers sont plutôt une plaisanterie qu'un éloge, et M. Kotzebue aurait pu s'arrêter de préférence à l'épitaphe latine, qui a été composée par Rollin, à la louange du célèbre Santeuil ; mais quand il peut opter entre un compliment et une injure, son choix n'est jamais douteux.

(2) J'ignore si l'anecdote qu'on cite ici est vraie ; mais ce qu'il y a de bien certain, c'est que le mausolée de Crébillon, élevé par ordre de Louis XV, et exécuté en marbre par Lemoine, a existé jusqu'à l'époque de la révolution dans l'église paroissiale de Saint-Gervais. Mais qu'importe ? c'est toujours un ridicule que M. Kotzebue jette, en passant, sur les Français.

souviens à cette occasion qu'on ne voulut pas laisser jouer sur le théâtre de D.... *Don Carlos*, de Schiller, à moins qu'on ne retranchât l'amour de don Carlos pour sa belle-mère.

Je transcris la belle inscription qui est au-dessous de ce médaillon, parce que c'est d'Alembert qui l'a composée.

> François de Chevert, lieutenant-général.
> Sans aïeux, sans fortune, sans appui,
> orphelin dès l'enfance,
> il entra au service à l'âge de XI ans.
> Il s'éleva, malgré l'envie, à force de mérite,
> et chaque grade fut le prix d'une action d'éclat.
> Le titre seul de maréchal de France
> a manqué, non pas à sa gloire,
> mais à l'exemple de ceux qui le prendront pour modèle.

L'homme sensé qui visite ces monumens, élevés à la mémoire des grands hommes et des femmes célèbres, éprouve un sentiment de vénération et de respect; mais cette sensation devient bien plus vive lorsqu'il entre dans l'Elysée, où il va trouver les restes des grands hommes qu'il a le plus aimés, et des auteurs dont les écrits ont fait sur lui la plus vive impression. Je crois voir leurs ombres, et j'étends involontairement le bras pour les saisir. C'est là que je vis un tombeau orné du masque de la comédie. Ce monument renferme les restes de Molière. L'inscription est simple ; on n'y lit que ces mots :

Molière et Thalie reposent dans ce tombeau.

Le tout est entouré de myrtes, de roses, et de cyprès. C'est là que repose cet homme immortel, auquel l'archevêque de Paris refusa une sépulture honorable (1).

Ce sarcophage contient les cendres de René Descartes, que son ami Dalibert reporta de la Suède dans sa patrie.

Sous cette pierre repose La Fontaine. Deux bas-reliefs représentent les sujets de deux de ses fables, si naïvement écrites. Ici on lit :

Jean La Fontaine est dans ce tombeau.

----

(1) En effet, ce fut le premier mouvement de ce prélat ; mais sur les représentations qui lui furent faites par le roi, il rétracta cet ordre injuste, et Molière fut enterré à Saint-Joseph. Sans doute M. Kotzebue sait cela tout aussi bien que nous ; mais il n'a garde de le dire, il préfère laisser subsister la première impression, parce qu'elle nous est défavorable.... L'aimable caractère !

Et ailleurs :

> Jean s'en alla comme il était venu.

C'est le premier vers de son épitaphe, que lui-même avait composée.

> Jean s'en alla comme il était venu,
> Mangeant son fonds après son revenu,
> Croyant le bien chose peu nécessaire.
> Quant à son temps, bien sut le dispenser ;
> Deux parts en fit, dont il soulait passer
> L'une à dormir, et l'autre à ne rien faire.

Cette pierre couvre Boileau. Trois vers d'une de ses épîtres sont gravés sur cette tombe.

> Ainsi que mes chagrins mes beaux jours sont passés,
> Je ne sens plus l'aigreur de ma bile première,
> Et laisse aux froids rimeurs une libre carrière.

Ici repose Mabillon, savant critique, et diplomate. Plus loin, le fameux antiquaire Montfaucon.

Comment pourrai-je exprimer ce que j'éprouvai en me promenant parmi ces ombres qui voltigent autour de leurs tombeaux ? Il me suffira de dire qu'il n'y a pas eu un homme un peu célèbre en France dont on ne trouve un souvenir dans ce muséum, quand ce ne

serait qu'un buste, et il y en a une très-
grande quantité. Ici, Michel Montaigne,
Sully, Rotrou, Corneille; là, Racine,
Quinault, Fénélon, Lenôtre; plus loin,
Bossuet, les deux Rousseau, Destou-
ches ; ailleurs, Héloïse, Abeilard,
Louis XVI et Marie-Antoinette; d'un
autre côté, Maurice de Saxe, Montes-
quieu, le centenaire Fontenelle et l'allemand Winkelmann. Par ici, Helvétius,
Piron, avec l'inscription connue:

> Ci-gît Piron, qui ne fut rien ;
> Pas même académicien.

Dubelloy, Voltaire, avec l'inscription
du consul Lebrun :

> O, parnasse ! frémis de douleur et d'effroi ;
> Pleurez, muses; brisez vos lyres immortelles.
> Toi, dont il fatigua les cent voix et les ailes,
> Dis que Voltaire est mort, pleure, et repose-toi.

Vous trouverez encore Buffon, le généreux Malesherbes, d'Alembert et Di-
derot ; plus loin, Raynal, Bailly, Vau-
canson et notre Gluck, avec cette belle
inscription :

> Il préféra les Muses aux Sirènes.

Quelle jouissance pour un être sensible de trouver réunies dans un même lieu les statues des hommes célèbres par leurs grandes actions, leurs écrits de tout genre, ou leur génie créateur. C'est, pour ainsi dire, apprendre à les connaître personnellement, et voir si dans leurs traits il existe des traces de leur génie (1). Les trésors qui sont au Musée-Napoléon, sont sans contredit infiniment plus précieux, et le seul Apollon du Belvédère vaut, sous le rapport des arts, tout le Muséum des Monumens français ; mais l'étonnement échauffe rarement le cœur, et je n'ai jamais éprouvé autant d'émotion que quand je me suis trouvé au milieu des tombeaux et des monumens des grands hommes.

Le fondateur mérite des éloges pour la peine qu'il s'est donnée, et le bel ordre qu'il a établi au-dedans et au-dehors. Par exemple, le vestibule, d'où

____

(1) Voilà qui est bien, très-bien ! Pourquoi n'écrivez-vous pas toujours ainsi, monsieur Kotzebue? vous seriez beaucoup plus aimable, et sur-tout plus estimable.

l'on entre dans la première salle, est orné des portiques du vieux château d'Anet, que Henri II fit bâtir pour sa maîtresse, Diane de Poitiers. Les vitraux sont peints, et toujours, comme je l'ai dit plus haut, du même siècle que les monumens.

En voilà assez sur cet établissemeut remarquable, dont l'enthousiasme de Lenoir a enrichi Paris. Le voyageur s'empressera certainement d'aller visiter les Petits-Augustins, dans les premiers iustans de son séjour à Paris. Il y a sans doute d'autres objets à voir dont je n'ai pas parlé ici : un connaisseur qui juge en dirait vingt fois plus que moi ; mais je n'ai parlé que d'après les sensations que j'ai éprouvées.

CHAPITRE VI.

MUSÉE-NAPOLÉON.

Galeries des Tableaux.

AVANT de parler de cette magnifique collection, la plus riche en ce genre qui existe dans l'univers, je dois faire connaître à mes lecteurs ce qu'ils doivent attendre de la description que j'entreprends. Je dois en même temps faire un aveu pénible, c'est que j'ai le malheur de ne juger les chefs-d'œuvre des arts que par les sensations qu'ils me font éprouver, et même par la première sensation. Je sais très-bien, pour l'avoir entendu des *grands maîtres de la nouvelle école,* qu'un chef-d'œuvre des arts ne peut ni ne doit faire aucun effet sur nos sensations ; que dès que cela est ainsi, ce n'est que l'ouvrage d'un misérable ouvrier ; qu'il ne faut pas s'attacher à imiter la nature, parce que cela est trop commun ; qu'il est parfaitement indifférent vers quel objet l'art se dirige , et autres choses semblables, etc. (1). J'ai le malheur d'entendre toutes ces belles et grandes vérités , et de les oublier à l'instant même. Je ne demande pas d'abord : De qui est cette peinture ? est-elle d'une assez haute antiquité pour que l'on puisse la louer avec enthousiasme ? n'y a-t-il pas quelque faute dans le dessin ? Je ne m'informe pas non plus quelle impression elle doit produire , mais quelle impression elle produit réellement, parce que je m'obstine à croire que le peintre , en faisant un ouvrage, a eu pour but de produire différentes impressions. De ce défaut , attaché à mon caractère trop commun , il suit que le lecteur ne doit pas attendre de moi un jugement exact sous le rapport de

____

(1) A coup sûr ce n'est pas à des artistes français qu'il a entendu proférer de pareilles sottises ; cela ne peut être qu'un rêve ou une gentillesse de sa façon.

l'art (1), je ne ferai que raconter sim-
plement ce que j'ai vu, et quelles sensations j'ai éprouvées. D'après cela, je
m'arrêterai souvent à des objets qui n'en
paraîtront pas dignes, tandis que j'en
passerai d'autres qui auront excité l'admiration. Aussi ai-je eu la précaution
de n'amener avec moi aucun de ces
maudits connaisseurs à besicles, qui ne
savent rien faire que plaindre le spectateur indifférent à leurs jouissances,
ou qui prétendent le forcer d'admirer ce
qu'il se contente de remarquer, par la
seule raison que cela est indiqué comme
merveilleux dans la notice.

Mais en voilà assez pour l'introduction. Le jeune artiste et le petit-maître
peuvent passer tout ce chapitre (2) En-

____

(1) Rassurez-vous, nous ne vous croyons pas capable
de le porter.

(2) Je serais tenté de conseiller à tous les lecteurs d'en
faire autant, et je l'aurais passé moi-même, si je n'avais
voulu donner aux étrangers un point de comparaison qui
les mit en état de décider quel degré de confiance ils
doivent accorder à M. Kotzebue. Le goût qui règne dans
ses jugemens sur des objets connus de toute l'Europe savante donnera la mesure juste de sa véracité lorsqu'il

trons dans la première salle, qui renferme des tableaux... *conquis* (1) à Venise, Florence, Naples, Turin et Bologne.
L'expiation du crime involontaire de
S. Julien attire l'attention. Ce pauvre
homme avait eu le malheur de tuer
son père et sa mère, qu'il avait trouvés
couchés dans son lit; trompés par l'obscurité de la nuit, il avait cru surprendre
sa femme avec un amant. Pour expier
son péché, il se réfugia avec sa femme
près d'un fleuve dont le passage était
très-dangereux, et y fonda un hôpital
en faveur des pauvres. Au milieu d'une
nuit d'hiver, il entend une voix plain-
tive de l'autre côté du fleuve ; il se lève,
passe la rivière, trouve un malheureux
à demi-mort de froid , le ramène chez

---

parle de nos habitudes, de nos mœurs, et de ceux de nos
usages qui ne sont pas aussi généralement connus.

(1) Pourquoi cette réticence ? Quand on ne veut rien
dire que d'honnête et de vrai , on n'a pas besoin de dissi-
muler, mais je devine ; apparemment vous voulez dire
une sottise ; dans ce cas vous avez bien fait de vous arrêter,
il y en a bien assez dans votre ouvrage.

lui, et ne pouvant le réchauffer près de son feu, le met dans son propre lit. Tout-à-coup le malade paraît briller d'une lumière céleste, et annonce à son hôte que son crime est expié par l'hospitalité qu'il exerce envers les pauvres. Le peintre (Allori, à Florence, au XVIe siècle) a choisi, avec beaucoup de sagacité, le moment où S. Julien aide le pauvre à entrer dans sa barque.

Une Sainte-Famille, par André del Sarto, m'a paru très-agréable ; mais on tombe dans la tristesse en considérant un tableau de Romain Féti, représentant la figure d'une femme à genoux. Son œil fixé sur une tête de mort dit clairement : « J'ai tout perdu ». — L'Enlèvement d'Hélène, par Guido Reni, est une belle peinture, mais elle m'a fait rire. Peut-on croire qu'une femme, dans un enlèvement subit, pense à emporter tout ce qu'elle a de précieux, jusqu'à son petit chien ? Il arrive souvent dans le cours de la vie qu'une femme-de-chambre est plus jolie que sa maî-

tresse; mais Guido Reni aurait dû éviter cette faute dans son tableau. Celui
qui pense qu'on doit être indifférent
vers quel objet l'art est dirigé, peut admirer le Mendiant de Murillo, qui dé-
truit la vermine qui le ronge. Je lui
tourne le dos, et je souris en passant à
une Sainte-Famille du même auteur,
où l'on voit l'Enfant-Jésus jouant avec
un chapelet. Mais toute ma gaieté se perd
quand je considère le beau tableau de
Charles I.er, roi d'Angleterre, qui fut dé-
capité. Un peintre hollandais (Mytens)
a peint ce prince, âgé alors de vingt-sept
ans. Sous tous les rapports, ce tableau
doit faire plus d'impression à Paris qu'à
Turin, où il était, et où il a été..... *conquis* (1). Les Noces de Cana, par Paul
Véronèse, sont une composition remarquable à bien des égards; d'abord parce
que c'est le plus grand tableau qui existe
dans l'univers; en second lieu, parce que
le peintre y a placé les portraits de bien

_____

(1) Encore? C'était déja trop d'une fois, et vous
n'auriez pas dû vous permettre de répéter cette mauvaise
plaisanterie.

des personnages célèbres de son siècle.
Le marié, par exemple, est un certain
marquis de Guasto ; l'épousée est la
femme de François Ier ; à côté d'elle est
François Ier lui-même ; et près de lui,
Marie, reine d'Angleterre. Vient ensuite l'empereur des Turcs, Soliman second : après lui, l'épouse du marquis de
Pescaire, tenant un cure-dent à la main.
L'empereur Charles-Quint a une place
peu convenable ; il est à un angle de la
table, et vu seulement de profil. Les
portraits de plusieurs cardinaux ét de
moines amis du peintre sont aussi dans
ce tableau. Enfin, le chœur des musiciens est très-intéressant : Véronèse y a
placé les peintres vénitiens les plus re-
nommés de son temps. Lui-même s'y
est représenté, jouant du violoncelle ; les
musiciens jouent sur de la musique no-
tée ; Charles-Quint porte la croix de
l'ordre de la toison d'or. Ce superbe tableau se voyait auparavant dans le ré-
fectoire de Saint-Georges, à Venise. Il
a été très-mal payé au peintre, qui n'a

reçu que quatre-vingt-dix ducats, tandis qu'un seul bon portrait coûterait autant aujourd'hui. On voit avec le plus grand plaisir un tableau de Rubens, où il s'est peint avec ses amis les plus chers et les plus illustres ; là est Hugo Grotius, ce sage philosophe, avec le chien qu'il aimait ; près de lui, Juste Lipse, célèbre professeur à Louvain. Le buste de Sénèque, placé derrière lui, indique ses écrits sur le stoïcisme, et les tulipes qui sont auprès, indiquent que dans ses heures de loisir il cultivait avec soin ces fleurs alors nouvellement connues. Ce grand peintre lui-même, et son frère, complètent cette scène intéressante. Non loin de là est suspendu un tableau qui me fait horreur ; il est de Sébastien del Plombo. La belle sainte Agathe a méprisé l'amour d'un gouverneur de Sicile, qui, pour la punir, lui fait tenailler le sein. Comment peut-on trouver du plaisir à considérer de tels objets ?

Entrons maintenant dans la galerie. Elle n'a pas moins de 400 pas de longueur, et pourrait en avoir 600 , car il y a au bout une cloison qui la sépare en deux parties. La dernière est encore remplie de tableaux, mais qui ne sont ni classés ni restaurés. Les premiers à main droite sont de l'école française. On en compte plus de vingt de Charles Lebrun. Celui de ces tableaux qui m'a plu davantage , est la Tente de Darius. Après la bataille dans laquelle Alexandre vainquit Darius, le premier, accompagné seulement de son favori Héphestion, entre dans la tente des princesses persanes. Sysigambis, mère de Darius, se jette aux pieds du favori, qu'elle prend pour le roi, à cause de la magnificence de ses habits. S'apercevant de son erreur, elle veut s'en excuser : « Vous ne « vous êtes point trompée, dit Alexandre; « celui - ci est un autre moi - même ». L'épouse de Darius est à genoux près de Sysigambis : elle présente son fils au vainqueur. Statyra en pleurs, et sa jeune sœur , filles de Darius ; des femmes, des prêtres et des eunuques, complètent ce tableau, qui est d'une grande beauté. — La Naissance de Jésus-Christ, par Lebrun, a attiré mon attention. La triple lumière d'une lampe, d'un foyer et de la gloire céleste, produit un très-bel effet. Cependant je préfère la Notre-Dame des Vignes, par Mignard, ainsi appelée, parce que la Vierge présente un raisin à Jésus-Christ. On trouve dans cette galerie à-peu-près deux cents tableaux de la Sainte-Vierge avec l'Enfant-Jésus ; quelque beau que puisse être un tel objet, il faut pourtant convenir qu'il est trop prodigué. — On est saisi d'effroi en regardant le Déluge du Poussin ; on voudrait pouvoir se jeter dans les flots pour sauver cette pauvre famille, qui cherche en vain à échapper à la mort. — Le nom de Théolon est inconnu, quoiqu'il méritât bien d'être célébré s'il avait laissé plusieurs tableaux tels que la tête d'une vieille Femme, que je regarde comme un morceau excellent. — Il y a ici beaucoup de tableaux de Van-Dick qui sont d'une grande vérité, et dans le nombre il n'en est aucun qui ne soit digne de lui. Celui de ces tableaux qui m'a fait le plus de plaisir est un Ex-voto ; un homme et une femme ont offert cet Ex-voto ; ils sont représentés à genoux, et l'Enfant-Jésus les reçoit amicalement et comme un Dieu. Comme un Dieu, ai-je dit ! Non, la réception est un peu familière ; car le petit Jésus se baisse pour caresser la barbe de l'homme.

Je vois un peu plus loin un portrait que l'on dit ressemblant; c'est l'ouvrage d'un peintre allemand, nommé Faes. Qui pourrait croire que c'est la physionomie du protecteur Cromwel ? Holbein ou la nature ont donné une figure bien plus expressive au chancelier Thomas Morus. J'aurais deviné, en voyant son portrait, qu'il a porté de sang-froid sa tête sur l'échafaud. Deux autres tableaux du même Holbein feront, je crois, autant de plaisir à tous ceux qui les verront qu'ils m'en ont fait à moi. L'un représente une jeune Femme voilée

ayant les mains croisées sur ses genoux,
l'autre est le portrait d'Erasme, auteur
de l'*Eloge de la Folie*. — Je ne puis
m'empêcher de rire en voyant le tableau
de la Fête des Rois, par Jordaëns; la
mines des conviés, qui regardent en riant
le roi de la fève, est on ne peut pas
plus comique. Je n'ai pas goûté l'Hercule de Lairesse, placé entre la Vertu
et la Volupté! Une Vénus de Rembrandt
dans le costume flamand, m'a paru fort
drôle, avec ses grandes boucles d'oreilles;
si l'enfant qui est devant elle n'avait
point d'ailes, personne ne s'aviserait de
penser qu'on a voulu représenter l'A-
mour. Je trouve un tableau de Famille
de Van-Ostade, très-beau : ce peintre
est trop peu connu (1). Je donnerais volontiers trois Vénus de Rembrandt pour
cette scène de Famille.

Un petit tableau, endommagé par le
temps, doit représenter un Tournoi, et

____

(1) Par M. Kotzebue apparemment; car ses tableaux
sont très-recherchés par les connaisseurs, qui en font le
plus grand cas.

avoir été fait par Rubens : j'avoue qu'il faut bien de la foi pour reconnaître le sujet et l'auteur. Et toi, Elisabeth de Bourbon , amante de don Carlos , le chef-d'œuvre de Schiller te rend plus intéressante pour moi que le pinceau de Rubens, qui a exprimé toute la douceur de ton caractère ; il n'y a que le tableau des Douceurs de la vie domestique, de Stéen , qui ait pu distraire mon attention. Qu'on suspende ce tableau près de celui de sainte Agathe à qui l'on arrache le bout du sein, et qu'on se demande ensuite lequel on préférerait d'être l'ami de Stéen ou celui de Sébastien del Plombo. Terburg a traité d'une manière très-plaisante une scène de débauche. On voit dans son tableau un Militaire, bon vivant, qui présente de l'argent à une Fille, qui baisse les yeux en rougissant, mais qui pour cela ne refuse pas ce qu'on lui présente. Le portrait d'un vieux Concierge de l'académie de peinture d'Anvers , fait par Corneille de Vos, et d'une vérité frappante. La figure de

la Micheline, par Barocci, est charmante; si cette belle Pélerine est ressemblante, elle aura eu bien de la peine à
éviter de profanes amours. Le Martyre
de S. Placide et de sainte Flavie, du
Corrège, est selon moi un objet bien
révoltant. Quelle figure extraordinaire
que celle de Sainte Flavie ! il était naturel que les Sarrazins, qui n'étaient
pas cruels envers le beau sexe, mal-
traitassent une femme aussi laide (1).
La Malédiction de Dieu sur nos premiers
pères, par le Dominiquin, prête plus à rire
qu'elle n'inspire d'effroi. C'est là qu'on
voit une multitude de petits anges portant
sur des nuages l'Eternel, qui tomberait
certainement s'il n'était soutenu de tous
côtés, et principalement *sous le derrière*. Le Massacre des Innocens est encore un de ces objets près desquels le
nom même de Guido Reni ne peut me
retenir. Ce peintre, si célèbre d'ailleurs,
a montré peu de connaissance de ce que

____

(1) La belle conséquence !

peut la tendresse maternelle, et n'a pas tiré de son sujet tout l'avantage qu'il présentait. Ces mères ne font que pleurer et se désoler; aucune ne prie, aucune ne résiste ; il n'aurait sur-tout pas dû omettre cette dernière circonstance, car la poule la plus faible défend ses petits contre un aigle. Je me rappelle d'avoir vu à Vienne, dans la galerie du prince de Lichtenstein, un tableau sur le même sujet (j'ignore de quel peintre), dont le dessein était beaucoup plus naturel que celui-ci. Une mère désespérée déchirait avec ses mains le visage de celui qui venait d'immoler son enfant. Cela était bien dans la nature, et faisait beaucoup d'effet (1). Celui qui a vu le tableau des Sabines , par David , peut jeter un coup-d'œil sur le même trait d'histoire traité par Guerchin. On reconnaît au premier coup-d'œil que ce dernier n'avait pas un génie poétique, sans lequel

______

(1) Vous nous disiez tout-à-l'heure que vous n'aimiez que les tableaux à l'eau de rose; soyez donc d'accord avec vous-même , si la chose est possible.

on ne peut jamais devenir un grand peintre. On s'aperçoit aisément de la différence qu'il y a entre ces deux tableaux. Le retour de l'Enfant Prodigue, de Spada, a un grand attrait pour moi : ce qui me frappe le plus, c'est la figure du fils, image vivante de la misère et du repentir. Deux portraits de Femme, par Léonard de Vinci, m'ont arrêté long-temps : l'un représente l'infortunée Anne de Boulen, qui m'intéresse plus par ses infortunes que par le talent de l'artiste ; l'autre est madame Lise ; épouse d'un gentilhomme florentin. Si le ciel avait encore à produire une autre Sainte-Vierge, il n'aurait pas d'autre modèle à choisir. Le tableau de Raphaël, représentant deux jeunes Gens qui réfléchissent, est excellent, et m'a donné une bien plus haute idée de ce grand maître que son combat de S. Michel avec le Diable. Je finis par le tableau de Guerchin, représentant Mars, Vénus et l'Amour ; ce dernier avec un air menaçant, est prêt à lancer sa flèche ; le spectateur, trompé, croit qu'elle est dirigée contre lui ; il ne peut cependant se résoudre à se retirer pour éviter le coup.

Voilà à-peu-près tout ce qui m'a fait plaisir (1). Quoi ! me dira-t-on, pas un mot de Rubens, quoiqu'il y ait dans la galerie plus de cinquante de ses tableaux ; pas un mot des Paysages si naturels de Vernet, des tableaux de l'Albane, de ceux d'Annibal Carrache ? Vous ne faites aucune mention de la Communion de S. Jérôme, ce tableau si fameux du Dominiquin ?... Non, pas un mot ; j'ai déjà avoué mon faible. Ce que je regarde, que j'admire même comme un chef-d'œuvre, ne se grave pas dans ma mémoire : je ne puis en rien dire. La Descente de Croix, par exemple, est un morceau très-estimé ; je trouve que c'est un très-beau tableau : mais je ne puis oublier que la croix chez les

(1) Tant pis pour vous ; cela ne fait honneur ni à votre goût ni à vos connaissances.

10.

Juifs était ce qu'est chez nous un gibet ;
et qu'une descente de gibet ne sera jamais du ressort des beaux-arts. Je puis
en dire autant de tous les tableaux des
martyrs dont cette galerie abonde. Un
saint rôti, écorché, lardé, quand il serait peint par Dieu lui-même, est pour
moi un objet insupportable, qui me fait
éloigner au plus vite. Quant aux Paysages, je fais un nouvel aveu de ma
faiblesse. A la vérité, je préfère la peinture d'un paysage à sa description ;
Vernet et Hakkert (dont il n'y a point
ici de tableaux) excitent souvent mon
admiration ; mais..... il ne m'en reste
aucune impression dans l'esprit, à moins
que cela ne soit vivifié par quelque sujet
d'histoire ; alors seulement, cela mérite-
rait un souvenir, car je ne considère dans
la peinture que les tableaux d'histoire.

C'est dommage que le catalogue de
la galerie soit si fautif. Plusieurs tableaux ont des numéros inexacts; beaucoup n'en ont point du tout.

Avec un passeport d'étranger dans sa

poche, on peut visiter presque journellement ce temple des arts, et comme il
n'est ouvert qu'à certains jours pour les
Parisiens, on a l'avantage de pouvoir
tout examiner sans être interrompu.

Galerie des Dessins.

En revenant de la grande galerie
dans la première salle, on entre, par
une porte latérale, dans le salon d'A-
pollon, qui est aussi d'une grandeur
immense, et qui contient une infinité
de dessins originaux, d'esquisses, de
cartons, de gouaches, de portraits au
pastel, de peintures en émail, de miniatures, de vases étrusques, et autres
choses analogues. Je m'arrêterai encore moins ici, où il n'y a dans le fait
rien de curieux que pour l'artiste ; et
j'avoue que si l'Ecole d'Athènes, de
Raphaël, m'a paru belle dans l'exécution, la simple esquisse de ce tableau
(le chef-d'œuvre de ce salon) n'a fait
qu'une très-légère impression sur moi,

à - peu - près comme les esquisses de
pièces de théâtres que nous a laissées
Lessing. Voilà un dessin de Passarotti.
Un pilote, charmé du génie d'Homère,
prie ce poète de l'accompagner dans ses
voyages, et..... Homère lui joue un
petit air sur sa flûte. Je vois ailleurs deux
fort beaux bas-reliefs en cire, de l'école
italienne; c'est Jupiter qui foudroie les
Titans, et Diane qui immole les enfans
de Niobé. Il est difficile de porter l'art
à un plus haut point. Plus loin est un
joli dessin de Raphaël; c'est Alexandre
qui offre sa couronne à Roxane; des
amours voltigent autour de sa toilette,
d'autre jouent avec l'armure du héros.
J'ai trouvé fort plaisante l'idée d'avoir
peint dans la cuirasse d'Alexandre un
Amour dont on voit la tête et les bras,
et qui tâche de se traîner avec ce lourd
fardeau. Je ne suis pas grand amateur des allégories; mais il y a ici
une esquisse de Raphaël, qui concerne, dit-on, le peintre grec Appelles,
et qui, indépendamment du talent de

l'artiste, fait honneur au poète. Le sujet
de ce dessin est la Calomnie. Appelles,
à ce que raconte Lucien, fut accusé par
un calomniateur d'être entré dans une
conjuration contre le roi Ptolomée : voici
de quelle manière il se vengea. Il peignit
la Crédulité avec des oreilles d'âne,
assise entre l'Ignorance et le Soupçon ;
elle reçoit amicalement la Calomnie,
qui est représentée sous la figure d'une
femme richement parée, qui tient une
torche à la main, et qui traîne après
elle l'Innocence par les cheveux ; celle-
ci lève les yeux et les mains au ciel,
dont elle implore l'assistance ; l'Envie,
au regard louche, la suit, pâle et déchar-
née ; la Méchanceté et la Fourberie l'ac-
compagnent, en s'efforçant de la parer.
Enfin vient le Repentir en longs habits
de deuil ; tout - à - coup la Vérité se
montre à lui toute nue : à cette vue, le
Repentir s'arrache les cheveux et se ronge les ongles. L'exécution de ce dessin est
parfaite ; peut-être l'allégorie serait plus
exacte si la Méchanceté était assise sur

le trône, car c'est elle qui excite toujours la Calomnie. La Crédulité serait alors compagne de l'Envie.

La Passion de J. C., par Albert Durer, est remarquable, parce que le dessin en est riche et soigné. Un Pauvre affligé, de Lucas de Leyde, est d'une vérité étonnante. Un relief d'ivoire, de van Opstal, représentant l'Enlèvement des Sabines, est un chef-d'œuvre ; et les dessins de Lebrun, représentant des têtes d'hommes et d'animaux, dessins par lesquels il a voulu prouver qu'il existe des ressemblances entre les physionomies des hommes et celles des animaux, sont très-ingénieux. Poussin a eu une singulière idée lorsqu'il a dessiné un Philosophe écrivant ses principes de sagesse sur le dos d'un jeune Homme. Ces grands cadres où sont rassemblées les miniatures des personnages les plus célèbres m'ont paru extraordinairement intéressans. On y trouve, de la main des plus grands maîtres, Pierre le Grand ; madame de Maintenon ; Louis XIV ; le poète Voiture; l'impératrice Marie-Thérèse; la jolie fille du jardinier de Meudon, amante de Louis; Ninon de Lenclos, près du cardinal de Richelieu; madame de Sévigné; la reine Christine de Suède; madame Deshoulières, et cent autres. Il y a toutes sortes de chefs-d'œuvre en pierres fines, de la célèbre manufacture de Florence; sept tables de porphyre, de marbre, et de lapis lazuli, dans lesquelles on a figuré des coraux, des coquillages, des vases, et autres choses semblables. Les vases étrusques sont d'un grand prix; c'est une conquête faite sur la bibliothèque du Vatican : presque tous ces objets ont été décrits par Vinkelmann, Passeri, et Montfaucon.

Galerie des Antiques, Statues, Bustes et Bas-Reliefs.

Je finis comme j'ai commencé (1) c'est-à-dire que je fais part à mes lec-

------

(1) Tant pis, cela ne vous fera pas honneur.

teurs, aussi bien que je le peux, des sensations que j'éprouve; mais je n'empêche personne d'éprouver une autre impression, ou même de n'en éprouver aucune (1). En entrant dans cette galerie des antiques, je pensais, quoique faiblement, à ces antiques monumens que je découvre sous un ciel bien

____

(1) Voilà ce qui s'appelle un procédé généreux ! Eh quoi ! vraiment, monsieur Kotzebue, vous avez la bonté de nous permettre d'admirer encore les chefs-d'œuvre que nous possédons, en dépit de l'anathême que vous avez lancé contre eux ; Ah ! c'est aussi vous montrer trop indulgent. Et moi, qui croyais que vous aviez la sotte prétention de changer les idées et les opinions reçues depuis des siècles ; combien j'étais dans l'erreur ! mais je ne vous en veux plus maintenant, et nous voilà racommodés. Ah ça, dites-moi ; quel a donc été votre but, en publiant le résultat de vos observations? Attendu qu'elles se trouvent presque toujours en opposition directe avec le goût et le bon sens, quel fruit pouviez-vous en attendre ? Je vois ce que c'est ; vous voulez passer pour un original, un fou, peut-être?..... D'accord ; si telle a été votre intention, vous avez parfaitement réussi, et je souhaite de grand cœur que tous les drames dont vous daignerez enrichir la scène allemande aient un succès aussi complet, aussi justement mérité que celui que vous obtenez dans cette circonstance.

étoilé (1). On s'arrête tout-à-coup avec une émotion respectueuse, en voyant plus de deux cent cinquante monumens les plus fameux de l'antiquité grecque et romaine. Voilà une salle consacrée aux empereurs ; plus loin, aux hommes célèbres ; celle-ci, à Laocoon ; celle-là, à Apollon ; et enfin la dernière, aux Muses ; parce que les morceaux désignés font le plus bel ornement desdites salles.

Je vais donc faire le tour, et dire ce qui m'a le plus frappé. Voilà une Diane en marbre de Paros ; elle est en France dès le temps de Henri IV ; c'était autrefois le seul beau morceau de l'antiquité que la France possédât. Elle paraît en colère, et saisit une flèche pour tirer un chevreuil qui fuit. On prétend qu'il y a un air de famille entre cette déesse et son frère, l'Apollon du Belvedère.

Je vais plus loin, et je trouve la statue de Julien l'Apostat, devant la-

___

(1) Je laisse au lecteur à deviner ce qu'il a voulu dire ; quant à moi : je n'ai rien compris à ce galimathias.

quelle je m'arrête plus long-temps que devant celle de Diane, au risque de faire rire les connaisseurs. La statue de Diane ne me dit rien ; celle de Julien occupe mon esprit. Je te salue, grand héros ! trop souvent méconnu, et que des fanatiques chrétiens ont voulu avilir par des surnoms infâmes. Tes vertus, ta philosophie, ton infortune, t'ont rendu pour jamais un objet respectable aux yeux de tout homme impartial. La ressemblance de la tête avec les médailles est parfaite ; tant mieux ! Je suis bien aise que Julien ait eu cette figure ; on croit que les habitans de Paris ont fait faire en Grèce la statue de cet empereur, pendant qu'il vivait, pour honorer un héros qui aimait leur ville, qui avait pris la pourpre dans ses murs, qui l'avait embellie, en avait fait une capitale, et avait jeté les fondemens de sa grandeur future. Cette statue était ignorée dans l'atelier d'un sculpteur ; le gouvernement l'a fait acheter pour le Muséum (1). On remarque

____

(1) M. Kotzebue se donne ici à bon marché un air

aussi Néron, empereur aussi vain que cruel ; il est ici dans le costume du vainqueur des jeux olympiques, honneur qu'on sait qu'il estimait plus que le diadême. Sa tête est ressemblante ; mais le statuaire l'a flatté, il a mis de la noblesse dans ses traits, qui étaient fort communs. Ha ! voilà cette statue colossale de Melpomène, qui n'a pas moins de douze pieds de haut, et qui attire les regards, principalement à cause de sa

érudit ; mais je suis bien aise de prévenir les personnes de sa nation qui liront cet ouvrage, que tout ce qui leur paraîtra raisonnable ou scientifique dans ce chapitre n'est pas de lui ; il n'a eu que la peine de le copier dans les notices imprimées qu'on vend à la porte du Musée-Napoléon et des autres établissemens publics, pour l'instruction et la commodité de ceux qui les visitent.

Au reste cela ne m'a point surpris, nous sommes accoutumés à ces petits larcins que M. Kotzebue nous fait de temps en temps, avec toute l'innocence et la candeur qu'on lui connaît. Bien loin de nous fâcher, nous lui devons des remerciemens ; car la preuve incontestable que ce qu'il nous prend lui parait bon, c'est qu'il daigne se l'approprier, et le décorer d'un aussi grand nom que le sien. Ma foi, c'est fort honnête ; et je crois qu'il faudrait être de bien mauvaise humeur pour s'offenser de procédés aussi nobles et aussi délicats !

grandeur ; c'est, sous ce rapport, le morceau le plus remarquable qui nous reste de l'antiquité. Elle ornait, avec ses huit sœurs, le théâtre de Pompée. On regarde avec plaisir un Sarcophage parfaitement conservé, dont les bas-reliefs sont d'un artiste habile ; sur le devant, on voit les neuf Muses, et aux deux côtés, Calliope, muse de l'épopée, qui s'entretient avec sa mère ; et Erato, muse de la philosophie, qui cause avec Socrate. Un Faune endormi m'a paru remarquable, parce qu'il a été trouvé enfoui dans l'emplacement d'un palais du bon Marc-Aurèle, qui avait peut-être trouvé souvent du plaisir à le regarder. Mais ce morceau a bien un autre mérite ; c'est qu'on a de fortes raisons de croire que c'est une copie en marbre du Faune en bronze de Praxitèle, qui était si célèbre dans toute la Grèce, qu'on ne l'appelait que le fameux *Périboëtos.*

Ariane endormie sur un rocher de l'île de Naxos ne fera sur personne une impression aussi forte que celle qu'elle

m'a fait éprouver. Cette statue est la
même qui est connue sous le nom de
Cléopâtre (erreur qui provient d'un bracelet en forme de serpent) ; la même
dont il y a une excellente copie sur un
palier du grand escalier du palais de
Michaïlow ; la même devant laquelle je
vis Paul Ier, et lui parlai douze heures
avant sa mort. Ce souvenir me frappa
d'autant plus, que le souverain du pays
dans lequel je me trouve maintenant
lui ressemble à quelques égards.

J'avoue avec plaisir que la salle des
hommes célèbres m'a beaucoup plus in-
téressé que les dieux et toutes les déesses.
C'est-là qu'on trouve Zénon, le chef des
stoïciens; et Démosthènes, le prince des
orateurs. Ce dernier est assis, il tient
sur ses genoux un livre ouvert, et paraît occupé de réflexions profondes. On
voit sa lèvre inférieure trop élevée, défaut naturel qui l'empêchait vraisembla-
blement de s'énoncer clairement. Je vois
ici Trajan, non comme empereur, mais
comme philosophe; ailleurs je trouve la

statue de Sextus, dont le souvenir nous est cher, comme oncle de Plutarque, et plus encore comme instituteur du bon Marc-Aurèle. Voilà Phocion, le plus modeste des héros ; il est ici sans aucun ornement. Plus loin est Ménandre, le prince de la nouvelle comédie (les Grecs le nommaient ainsi) ; il est assis, et paraît reposer. Oh ! pourquoi le temps, qui a épargné ce marbre, n'a-t-il pas respecté ses écrits ! Comme ils nous viendraient à propos ; car il paraît, par le peu que l'on en connaît, que nos petits Grecs modernes seraient embarrassés de savoir s'ils devraient contester toute espèce de goût aux anciens Grecs. On voit près de là Pausidippe, poète comique : il est dans la même attitude que Ménandre. Cette statue est d'une expression simple et vraie. Voilà celle d'un jeune libertin qui détruisait sa santé, et ici celle d'un homme qui s'instruisait dans l'art de guérir ; Alcibiade et Hippocrate. Je les quitte avec peine, et je vais plus loin.

Y a-t-il rien de plus aimable que la

statue de femme que l'on nomme Cérès, parce qu'il a plu à celui qui l'a restaurée de lui mettre des épis à la main? Probablement elle tenait auparavant un livre, et était honorée comme la muse Clio. Une belle statue d'Uranie est près de là, et mérite bien un pareil voisinage; on admire la délicatesse et le fini de cet ouvrage. Une Matrone romaine, dont la tête est un portrait, inspire le respect. Elle fut trouvée près de Tripoli; c'est un des meilleurs chefs-d'œuvre qui nous restent de l'antiquité. Ce qu'on nomme le Gladiateur mourant (car il ne paraît pas être un guerrier romain ou barbare, mais plutôt germain ou gaulois) est assez connu par mille copies qu'on en a tirées. C'est un de ces monumens qui ne font sur moi aucune impression (1). J'en dirai bien vîte autant du célèbre Torse, et j'aurai la conscience déchargée d'une grande faute.

______

(1) Vous ne devriez pas en convenir, pour votre honneur.

Rien de plus agréable que le jeune Faune qui a des taches de métal. Son sourire vous attache, l'inexpérience de la jeunesse est peinte sur sa figure. Il a sur une joue et sur une épaule une tache qui a l'apparence de métal ; c'est de là que lui vient son nom. Une jeune Romaine, coiffée comme dans les plus beaux temps de l'empire romain, ne lui cède pas en grace ; la tête est un portrait. Heureux le père ou l'époux qui a eu une fille ou une compagne dont la figure était un miroir d'innocence ! Peut-être cette statue était un ex-voto consacré dans un temple, ou bien elle servait d'ornement à la maison paternelle.

C'est une chose extraordinaire que lorsqu'on ne se sent pas ravi d'étonnement en voyant un objet qui a été admiré par tout le monde, on a toujours quelque crainte de publier sa pensée. C'est le cas où je me trouve relativement à la Vénus de Médicis et au Laocoon (1),

____

(1) Taisez-vous donc, profane, puisque vous sentez qu'il va vous échapper un blasphême.

Est-ce ma faute à moi, si cette Vénus me paraît une fort jolie femme-de-chambre, que le fils de la maison a surprise dans le plus grand négligé, et qui ne fait pas de grands efforts pour se soustraire à sa vue? Elle a les oreilles percées, ce qui indique qu'elle pouvait avoir autrefois des boucles d'oreille précieuses ; de même que la trace qu'elle a au bras gauche prouve clairement qu'elle avait originairement une espèce de bracelet. On dit qu'on a l'intention de replacer ces ornemens, afin d'imiter tout-à-fait le goût des anciens, qui aimaient à mêler ensemble l'or et le marbre : cela ne me paraît pas convenable. L'artiste qui a sculpté cette Vénus doit être un certain Cléomènes; qui avait si parfaitement réussi à attraper la ressemblance des jolies femmes, que Pline raconte qu'un chevalier romain était devenu passionnément amoureux d'une de ses statues (1). Puis-

____

(1) Voyez la notice , vous y trouverez tout cela.

je empêcher que ce Laocoon n'excite
en moi la même sensation que j'éprouvai dans ma jeunesse en voyant périr
sur la roue un mangeur d'hommes, à
Berka près Veymar? Mais j'entends
crier que je ne suis pas l'ami des arts!
Certainement je les respecte; mais comme je ne suis pas venu ici pour y étudier l'anatomie, je vais plus loin, sans
vouloir troubler personne dans ses opinions; qu'on me laisse donc aussi la
mienne, je n'en changerai pas. Je crois
que les beaux arts doivent traiter de
beaux sujets, et je ne puis trouver le
moindre plaisir à regarder Laocoon entouré d'affreux serpens. Pour écarter
l'impression désagréable quil a produite
sar moi (1), je m'arrête devant la
statue de ce beau jeune homme, qu'on
appelle Pâris parce que celui qui l'a
restaurée lui a mis une pomme dans la
main, mais qui est certainement un
prêtre du dieu Mythras, dont les mys-

____

(1) Le barbare!

tères se célébraient dans une grotte. On
trouva effectivement cette statue dans
une grotte près du Tibre. La draperie
est parfaite. Mais cette statue est bien
loin de la perfection de cette autre qui a
passé long-tems pour un Antinoüs; on a
reconnu l'erreur, et l'on a cru que c'était
Thésée, et puis Hercule sans barbe,
ensuite Méléagre; enfin on s'accorde à-
peu-près à croire que c'est Mercure.
Qu'il soit ce qu'on voudra, il est certain
que c'est un des morceaux les plus remarquables de cette riche collection.
L'harmonie entre toutes ses parties est
si belle, que c'est d'après ce modèle que
le Poussin a pris toutes les proportions
du corps humain.

La belle Leucothoé, nourrice de Bacchus, tenant son nourrisson dans ses
bras, a bien mérité que Winkelmann
l'immortalisât. Ce groupe est un des
plus anciens et des meilleurs monumens
grecs. Oh ! avec quelle tendresse elle
regarde cet enfant ! aucune mère ne
pourra la surpasser. Mais je m'arrête ;

je suis devant l'Apollon du Belvédère !
Je m'humilie volontairement, j'admire
avec les connaisseurs et autres. Oui, ce
pied léger a joint le serpent Pithon, la
flèche mortelle vient de partir ; les mus-
cles du bras sont encore comprimés ; la
colère est sur ses lèvres, mais la certitude de la victoire est dans ses yeux ;
on y voit briller le plaisir d'avoir délivré
Delphes de ce monstre. Ses cheveux tom-
bent en boucles sur son cou, ou s'échappent du bandeau divin. Son carquois est
sur son épaule droite ; de riches sandales
ornent ses pieds, la chlamyde, jetée né-
gligemment, enveloppe une partie de ce
corps divin, qui est l'assemblage de la
jeunesse immortelle, de la souplesse,
de la force, et d'une beauté noble et di-
vine (1). Oui, je m'humilie volontiers ;
et je regrette, avec beaucoup d'autres,
que la manière dont on a placé ce chef-

---

(1) Cette description n'est pas mal ; mais n'en soyez
pas surpris, lecteur ; elle est également copiée d'après la
notice.

d'œuvre de l'art ne permette pas de le
considérer de tous côtés. Pour dédom-
magement, on lit une belle et nouvelle
inscription qui indique que cet Apollon
fut trouvé à Antium, à la fin du XVe
siècle ; qu'il fut placé au Vatican par
Jules XI (1), au commencement du
XVIe ; qu'il fut conquis par Bonaparte
en l'an 5 de la république, et placé dans
ce local en l'an 8, la première année de
son consulat. Les noms des trois consuls
et celui du ministre de l'intérieur sont
gravés de l'autre côté.

Je devrais presque ne plus rien dire ;
car quand une fois le soleil se montre,
les étoiles disparaissent. Mais ce serait
manquer de reconnaissance de ne pas
faire mention des Muses, qui ont leur
salle à part. Pourrais-je oublier la gra-
cieuse Thalie ? Sa couronne de lierre, son

---

(1) Il veut sans doute dire Jules second ; il a pris des
chiffres romains pour des chiffres arabes. Cependant un
savant tel que lui, qui tranche et décide sur tout, devrait
savoir que la chronologie des papes n'a jamais compté plus
loin que Jules III.

tambourin, indiquent tous deux qu'elle est de la famille de Bacchus; son masque comique et sa flûte champêtre nous rappellent qu'elle est aussi la muse de la poésie pastorale. Près d'elle est un beau buste de Socrate, qui ne dédaignait pas ses jeux, et un de Virgile, qu'elle a tant favorisé. Non loin de là on trouve Euripide assis; et ce qui rend cette statue extrêmement précieuse, c'est une inscription grecque sur la plinthe, qui indique non-seulement le nom de ce célèbre poète tragique (n'en déplaise à Schlegel et consorts), mais qui contient en outre une liste de ses ouvrages.

Parmi le grand nombre de bustes de cette galerie, j'ai distingué les statues suivantes, comme étant très-remarquables, sous le rapport de l'art ou de l'objet qu'elles représentent. La statue colossale de l'empereur Adrien; le buste de Néron, ridiculement orné des attributs de la Divinité (on sait que du temps de cet empereur ce buste était orné de pierres précieuses; on remarque encore de légers enfoncemens alternativement ronds et carrés , dans lesquels il est probable qu'on avait incrusté ces pierres précieuses) ; le buste de Commode , qu'on trouve rarement en marbre , parce que le peuple, dans sa fureur, détruisit toutes ses statues ; le beau buste de Galba ; celui , très-ressemblant, de l'ambitieuse Julia Mamméa, mère d'Alexandre Sévère , etc.

Je ne passerai pas sous silence les beaux siéges des bains antiques ; on se rappelle en souriant qu'ils servaient, dans le moyen âge , de trône pontifical, dans l'église chrétienne , et que Pie VI les rendit à la profane antiquité.

La statue colossale d'une idole égyptienne mérite bien un coup d'œil, tant à cause de la matière (elle est d'albâtre), qu'à cause de sa prodigieuse antiquité ; car il est probable qu'elle était dans un temple d'Horus (1).

------

(1) Horus ou mieux Orus, fils d'Osiris et d'Isis, fut le dernier des dieux qui regnèrent en Egypte ; Isis lui apprit

Si l'on examine quelques bas-reliefs, l'Antinoüs, le Faune chasseur, l'Enfant avec une oie, on aura vu tout ce qui a particulièrement attiré mes regards. Malheureusement la Pallas de Velletri n'était pas encore placée quand j'ai visité le Muséum (1).

---

la médecine et l'art de la divination. Avec ces talens, Orus se rendit célèbre, et combla l'univers de ses bienfaits. Les Grecs prétendaient que leur Apollon n'était autre que l'Orus des Egyptiens ; aussi les savans le nomment-ils souvent *Orus-Apollo*.

(1) C'est dommage ; car, selon toute apparence., il ne l'aurait pas plus ménagée que la *Vénus de Médicis.* Maintenant je le demande à tout homme impartial qui aura lu ce chapitre des *Souvenirs*, pour qui M. Kotzebue l'a-t-il écrit? Est-ce pour ses compatriotes? Ils n'ont point de confiance en lui ; ils n'estiment ni sa personne ni ses écrits. Pour les étrangers? Ceux qui n'ont pas vu les objets dont parle M. Kotzebue connaissent le jugement qu'en ont porté les antiquaires, les savans, les artistes et les voyageurs ; ainsi leur opinion est formée. Est-ce pour les Français? Non ; l'auteur s'est rendu justice ; il a pensé qu'on ne jugerait pas son ouvrage digne d'être traduit, et que dès-lors il serait inconnu en France. Est-ce pour l'accroissement des lumières? Il en a trop besoin pour lui, car vraiment le bon homme n'y voit goutte. Pour le progrès des arts ? Il n'y entend absolument rien. Pour se

CHAPITRE VII.

Mœurs et Usages des Parisiens.

LE BOIRE ET LE MANGER.

Depuis que l'on ne se met plus à table pour dîner qu'à six ou sept heures du soir,

donner de l'importance ? C'est tout le contraire. Pour sa réputation ? Cela achève de la perdre.

Quand on est disgracié de la nature au point de demeurer insensible à l'aspect des chefs-d'œuvre produits depuis vingt siècles, naguère encore épars dans l'univers, et réunis maintenant en si grand nombre que l'admiration même ne peut suffire pour exprimer ce qu'on sent en les voyant, on se tait, on rougit de sa sottise ou de sa nullité, et l'on n'a point le stupide orgueil d'énoncer hautement son opinion, et de consacrer ses erreurs dans un chapitre de trente pages, monument honteux d'ignorance et de mauvais goût. Le *Laocoon*, ce chef-d'œuvre des chefs-d'œuvre, regardé comme le *nec plus ultra* de la perfection ; la *Vénus de Médicis*, le *Gladiateur mourant*, le *Torse antique*, etc., sont pour lui des objets révoltans, et qui lui font horreur !.... Quel affreux blasphême !... Il reste froid en passant en revue les immortels

on a nécessairement perdu l'habitude de
goûter ; ce n'est plus que parmi les ha-

---

ouvrages des plus grands maîtres des trois écoles ! Les con-
ceptions sublimes de Raphaël, de Rubens, du Corrège,
du Guide, du Dominiquin, des Carrache, du Titien,
de Guerchin, etc.; le coloris, la fraîcheur, la vérité, le
naturel exquis des compositions charmantes de Vernet,
Teniers, Paul Potter, Gérard Dow et Schalken son élève,
Berghem, Breughel de Velours, Winants, Rembrandt,
Karl du Jardin, Philippe Wouvermans, Ruisdaël, Van
Huysum, etc., n'ont pas produit la moindre *sensation*
sur cette ame sèche, qui n'eut et n'exprima jamais qu'une
sensibilité factice.

Ah ! rendons grace au ciel de ce que cet homme, qui
nous qualifie si souvent du nom de *vandales*, ne se soit
pas trouvé en France dans ces temps affreux que nous
voudrions pouvoir effacer des pages de notre histoire ;
car, à coup sûr, et d'après l'esprit qui l'anime, on peut
croire qu'il y aurait joué un rôle brillant à cette époque.
Peut-être ne nous resterait-il plus maintenant que le souvenir des belles choses que nous possédons, et le regret
éternel de les avoir perdues. Mais je m'emporte, et j'ai
tort ; toutes ces visions, échappées d'un cerveau en délire,
ne valent pas la peine d'une réponse ou d'une réfutation
sérieuse. Il est malheureusement trop clair que M. Kotzebue est privé de la plus saine partie de ses facultés, et
dès-lors il faut le plaindre au lieu de se fâcher. Prenez
pitié de lui, chers lecteurs, le pauvre homme est bien
malade, plus malade qu'il ne pense : quant à moi, je le
tiens pour mort... en France, et dans l'esprit de tous les
gens de goût, de quelque nation qu'ils soient.

bitans de la province , les gens du peuple et les ouvriers , que l'on retrouve le tableau riant d'une société aimable et joyeuse, qui se rassemble gaiement autour d'une table couverte de fruits, de laitage , etc. Quel plaisir , sur-tout à la campagne ! on aime encore les scènes de ce genre à Paris , mais ce n'est plus qu'au spectacle. Les *thés* ont pris la place des goûters. On appelle ainsi des repas qui se font entre deux et trois heures du matin , et où l'on trouve de tout, excepté du thé. De la viande, du gibier, des vins spiritueux, du punch, etc., voilà de quoi se compose un *thé*. Dans quelques villes de France on fait encore de grands goûters, qu'on appelle *collations*, et dans lesquels on sert tout froid. On trouve dans la *Nouvelle Héloïse* la description d'un de ces goûters du bon vieux temps, que madame de Volmar donna dans son Elysée. — On m'a raconté de quelle manière devait s'y prendre un homme riche pour donner maintenant à goûter, s'il arrivait qu'il y fût obligé pour amuser ses enfans où pour tout autre motif.

Une énorme tourte, de chez *Cauchois* ou *Leblanc*, doit occuper le milieu de la table. A chaque bout un fromage à la crême, ou fouetté, ou à demi-glacé, ou garni de pistaches ; cet article doit être pris chez Mme *Labour* ou Mme *Lambert*, les deux meilleures crêmières de Paris. La tourte doit être flanquée d'une douzaine d'assiettes de fruits les plus recherchés, achetés chez la veuve *Fontaine*. On place, aux quatre coins, des brioches de *Lesage*, des méringues à la crême de *Bénard*, des gâteaux d'abbesse fournis par *Georges*, et des gauffres de la boutique de *Van-Rosmall*. Viennent ensuite quatre assiettes de fruits confits, sortis des succulentes mains d'*Oudart* et de *Berthellemot* ; des pains-d'épice et massepains d'*Hémart*, confitures de *Rouget*, et gelées de *Janvel*. Mais toutes ces friandises s'arrêteraient au gosier si on ne les arrosait fréquemment avec du frontignan de *Tailleurs* et des liqueurs de *Lemoine*. Je dois citer particulièrement et avec éloge une liqueur parfaite, que je crois être de la crême d'Arabie, et que l'étiquette annonce sous le nom énigmatique et inintelligible de *velours en bouteille.* Quoi qu'il en soit, cette liqueur est délicieuse au palais et à l'odorat; j'en ai rapporté quelques bouteilles, et des gourmets de mes amis m'ont avoué n'avoir jamais rien bu d'aussi parfaitement exquis (1).

(1) Je me suis bien gardé de faire la moindre coupure dans ce chapitre, parce que, outre qu'il servira à établir d'une manière positive les droits de M. Kotzebue à la *présidence* de la nombreuse compagnie des gourmands, à laquelle son vigoureux appétit, la délicatesse de son palais, et le volume de son estomac, l'appellent incontestablement; les étrangers et les Parisiens même y trouveront un vocabulaire complet en matière de gourmandise, friandise, etc.; et qu'enfin il résultera de tout cela que l'ouvrage de M. Kotzebue sera du moins bon à quelque chose, et utile à quelqu'un.

Je suis même tenté de croire qa'en publiant ainsi une espèce d'*abrégé de l'Almanach des gourmands,* M. Kotzebue a eu l'intention de ralentir le succès de cet ouvrage; qu'il a voulu sur-tout empêcher qu'on le traduisît en allemand, le tout pour se venger de ce que M. G. D. la R. a méconnu sa prééminence en gourmandise, et ne lui a point dédié son livre.

Le déjeûner, dit le proverbe, est pour les amis, le dîner pour l'étiquette, le goûter pour l'enfance, et le souper pour l'amour ; car c'est à-peu-près à cette heure que sonne celle du berger : le tumulte du jour a cessé, les affaires sont finies, le repos invite, les bougies répandent une douce lumière, les femmes sont plus aimables, plus séduisantes, car le moment de leur souveraineté approche ; c'est apparemment pour cela que beaucoup d'entre elles ont renoncé au grand jour. Heureux celui qui possède toute la journée une bonne femme, ou qui, lorsque les affaires ou les devoirs l'entraînent pendant le jour, au milieu du torrent de la société, se retrouve le soir à une petite table ronde, auprès d'une compagne gaie et tendre ! Les muses sont aussi mieux disposées le soir ; l'esprit s'échappe en même temps que le bouchon du vin de Champagne ; les bons mots jaillissent comme la fusée d'un feu d'artifice ; tout le monde a de l'esprit, ou met à profit celui qu'il a acquis le matin, et dont il a fourni sa mémoire.

Du moins c'était ainsi à Paris autrefois, dans ces soupers délicieux où le courtisan, le prince et le savant, se trouvaient pêle-mêle ; où les rangs étaient confondus ; où les grands ne se distinguaient que par un goût plus fin, un tact plus sûr, et une plus grande aisance ; où le bon ton savait arrêter à propos l'ambition de chaque convive ; où la beauté du jour et le poète à la mode se confondaient avec l'homme puissant et le favori du prince.

Hélas ! le torrent de la révolution a tout englouti ; ces repas délicieux ont été remplacés par des soupers dans les rues, où l'on ne trouvait d'autre fraternité que celle de Caïn et d'Abel ; car jamais il n'y eut moins d'égalité et de liberté en France que lorsqu'elles étaient inscrites en gros caractère sur chaque maison. Mœurs, dignités, richesses, raison, esprit, tout a pris une autre direction ; et s'il était encore possible de rassembler les restes épars de ces sociétés aimables , elles auraient beaucoup de peine à retrouver leur ancien ton.

Ces soupers sont oubliés à Paris. Et comment peut-il en être autrement dans une ville où l'on dîne le soir, où les spectacles finissent à minuit, où la rage du jeu domine, où les femmes n'ont reçu aucune éducation, et où l'on ne connaîtra bientôt plus que le nom d'égards et de politesse (1) ?

En vain a-t-on remplacé les soupers par des *thés ;* tous les deux ne ressemblent à rien , parce qu'ils ressemblent à tout. Ni l'esprit ni la franchise ne

______

(1) On serait tenté de croire , en lisant ce dernier alinéa , que M. **Kotzebue** , venu *incognito* à Paris en 1794 , avait écrit à cette époque cette partie de ses *Souvenirs* , et que , pressé de vendre un livre , il a trouvé dans son porte-feuille ce fragment , qu'il a remis au libraire sans le relire ; mais ce serait lui faire trop d'honneur. C'est bien à dessein , et après avoir passé à **Paris** une partie de l'hiver de 1803 , dans les meilleures sociétés où l'on a eu la bonté de le recevoir , qu'il s'est permis cette sortie indécente , cette grossière calomnie : peut-être est-ce là ce qu'il appelle de la reconnaissance.

trouvent leur compte dans ces repas
bâtards ; on n'y trouve ni conversation
ni soupe, ni bons mots ni rôti (1). Dés
mets froids et d'une aussi difficile di-
gestion que les Midas près desquels on
est assis, des calembourgs au lieu d'esprit, du persifflage au lieu d'épigramme,
de la licence au lieu de gaieté, et pour
complément un ton auquel les restes de
l'ancienne bonne société ne pourront jamais s'habituer (2). Par-dessus tout
cela, il domine par-tout une arrogance
insupportable et qui contraste singulièrement avec l'esprit républicain. Les
ducs et pairs de la monarchie étaient
beaucoup plus honnêtes que les fournis-
seurs de la république.

Les soupers ne reviendront pas, tant
que l'esprit et les mœurs ne prendront
pas une autre direction. Un homme rai-

---

(1) Que d'esprit et de finesse dans ce rapprochement !

(2) En supposant qu'en général ce que dit ici M. Kotzebue fût vrai, il aurait dû, par égard, par respect pour
les convenances, n'en pas parler, ou excepter du moins les
maisons dans lesquelles il a été reçu.

sonnable n'a d'autre besoin que de dormir à deux heures du matin ; c'est précisément l'heure où l'on se met à souper. Les *thés* d'aujourd'hui sont infiniment plus préjudiciables à la santé que les soupers d'autrefois. Dans ce temps heureux on se mettait à table à dix heures , on y restait jusqu'à minuit au plus tard ; mais non pas pour se retirer aussitôt, comme l'aimable coutume d'aujourd'hui l'autorise ; après le souper, on rentrait dans le salon , on renvoyait les domestiques , et c'est alors que la conversation devenait plus piquante et plus gaie. On passait en revue la cour et les ministres , on racontait les anecdotes scandaleuses (1) , et l'on répétait l'épigramme et le couplet du jour. C'était là le moment le plus agréable pour l'homme d'esprit , pour l'observateur ; rarement on jouait. Que fait-on maintenant ? l'esprit a-t-il gagné à ce changement ? a-t-il tourné au

____

(1) Jolie occupation !

profit de la gourmandise ? Ni l'un, ni l'autre (1).

Les *thés* ne diffèrent des dîners que par l'absence de la soupe et du bouilli ; quelquefois cependant on sert le dernier, mais personne n'y touche. Plus ordinairement il est remplacé par un énorme morceau de viande farcie, comme, par exemple, un gigot de vingt à vingt-cinq livres. Deux autres plats, accompagnés de huit plus petits et de six hors-d'œuvres, complètent le premier service. Ensuite viennent les rôtis et les entremets, comme au dîner ; et enfin le dessert. Les glaces y sont indispensables, mais il faut de préférence les prendre chez *Mazurier*, limonadier à l'entrée des Champs-Elysées. On sert également de la liqueur et du café, comme après dîner ; mais le café doit être plus fort après souper, afin de tenir éveillés les convives, que la tiédeur

______

(1) La gourmandise !... *inde iræ ;* voilà le grand mot lâché.

de la conversation pourrait facilement endormir (1). Enfin les soupers sont tellement passés de mode, que les restaurateurs ne tiennent pas leurs salons ouverts passé dix ou onze heures du soir. Il n'est peut-être réservé qu'au célèbre *Tailleur* de remettre cet usage en vigueur. Dernièrement on a donné chez lui un souper magnifique, et qui mérite de trouver place dans les annales de la gourmandise : chaque convive payait 60 liv. par tête, sans le vin (2).

Je reviens au déjeûner. Une tasse de thé, de fleur de tilleul, ou de café à la crême (faite à Paris), ne me paraît pas suffisante pour attendre un dîner qui est servi plus tard que ne l'était le souper du temps de Charles VIII. De

---

(1) Attendu que M. Kotzebue nous assure dans sa préface qu'il ne rapporte que ce qu'il a vu, qu'il ne dit rien que de vrai, il y a tout lieu de croire que c'est sa présence ou ses discours qui auront produit cet effet sur les assistans.

(2) Quelle aubaine pour M. Kotzebue !.... sur-tout si l'on a payé pour lui.

là sont venus les déjeûners à la fourchette, qui jadis étaient abandonnés aux
gens du peuple et aux voyageurs. Maintenant ils sont à la mode dans toutes
les grandes maisons de la nouvelle
France (1). On ne s'occupe guère des
affaires avant dix heures. Vers une
heure, on couvre une table d'acajou de
viandes froides et de plusieurs espèces
de vin. On n'y voit comme mets chauds,
que des pigeons à la crapaudine, des
poulets à la tartare, des petits pâtés au
jus, des rognons au vin de Champagne
(mets exquis!) (2), et des saucisses.
En revanche on y voit des pâtés de jam-
bon, des pâtés de gibier, des salades
de volailles, et pour commencer, des
huîtres du fameux *Rocher de Cancale*.
Le pauvre rentier ou le modeste enfant
des muses ne peut assurément se faire
servir un pareil déjeûner; les revenus

---

(1) Encore une injure !

(2) C'est bien heureux ! Ecrivez que **M. Kotzebue**
aime les rognons au vin de Champagne.

du premier n'y suffiraient pas pendant huit jours ; et l'imagination du dernier succomberait sous le poids des pâtés (1); car , comme a dit Boileau :

Horace a bu son soul , quand il voit les ménades.

mais alors le satyrique ne songeait pas aux déjeûners d'aujourd'hui. Une trop grande tempérance engourdit les esprits vitaux , mais une nourriture trop succulente et trop abondante leur est infiniment nuisible. Il faut au littérateur un déjeûner léger , mais assez substantiel cependant pour entretenir son imagination, et ne pas garnir son estomac de manière à ne pas faire honneur au dîner dans lequel il doit figurer. Le chocolat réunit ce double avantage. Il y a vingt ans , cette friandise était réservée pour les vieillards ; maintenant c'est le déjeûner de tous ceux qui ne sont pas assez riches pour faire débauche , ou qui veulent se conserver l'esprit frais. De là vient que ce poison des dieux, qui ne se fabri-

______

(1) Pensée noble et poétique !

quait autrefois que dans les pharmacies,
ou tout au plus dans trois ou quatre
boutiques bien connues, est maintenant
tripoté dans tous les taudis; en sorte que
l'on court risque à chaque instant de
s'empoisonner, ou de souffrir au moins
de violentes coliques d'estomac; car on
vend à Paris du chocolat dans lequel il
y a de tout, excepté du cacao. Le meilleur se trouve chez Bauve, rue Saint-
Dominique, n° 1020. J'indique particulièrement cette adresse aux personnes
attaquées de la pulmonie, parce que l'on
y fabrique un chocolat de santé reconnu
très-salutaire dans ces sortes de maladies. On en prend de très-bon aussi au
Palais-Royal, chez Corazza.

Le dîner est, comme chacun le sait,
l'affaire la plus importante de la vie (1),
en ce qu'il se renouvelle trois cent soi-
xante-cinq fois par année. Aujourd'hui
sur-tout, qu'il a lieu si tard, les figures

______

(1) Apparemment pour M. Kotzebue !.... Cependant
cela ne l'empêche pas de regretter les soupers.

s'alongent quand par hasard il est re-
tardé par un motif ou par un autre ;
mais elles reprennent bientôt leur séré-
nité et un certain air joyeux, quand le
maître d'hôtel entre dans le salon , avec
la serviette sous le bras , et annonce que
madame est servie. Après quelques cérémonies, que l'on abrège en mettant les
noms sur les serviettes (usage qui devient souvent désagréable aux convives
en ce qu'il les place quelquefois auprès de
personnes qu'ils n'eussent pas choisies),
on sert la soupe bouillante (car c'est
là son principal mérite), ce qui fait que
l'on se brûle nécessairement le gosier ,
à moins qu'il ne soit pavé de mosaïque,
ou que l'on n'ait reçu de la nature les
mêmes priviléges que l'Espagnol incombustible; ausi est-ce un spectacle assez
original de voir chacun faire la grimace
en avalant ce feu fluide. Vient ensuite
le bouilli avec la sauce aux tomates ou
la moutarde apéritive de Maille ; mais
mais comme je l'ai dit plus haut, on n'y
touche presque jamais, sans doute parce

que le potage qui l'a précédé a épuisé la meilleure partie de son suc. Tandis qu'on découpe les relevés que l'on met à la place des soupes, on mange les entrées, dont je ne donnerai pas les noms, car ils sont intraduisibles. Je préfère à cela l'usage du nord, dans lequel les viandes sont découpées d'une manière plus propre et plus ragoûtante (1), par des écuyers tranchans, et servie sur des plats que l'on fait passer à la ronde, ce qui épargne aux convives l'ennui des complimens et des cérémonies. A Paris, c'est le maître de la maison qui sert, ou bien souvent celui des convives devant lequel chaque plat se trouve posé. On n'ose pas se servir soi-même, et il faut

---

(1) Encore un petit compliment en passant. On sait que, dans presque toutes les maisons de Paris, ce sont les dames qui font les honneurs de la table, et qui généralement s'acquittent de ce pénible emploi avec toute la dextérité, la politesse et les graces que l'on connaît aux Françaises. M. Kotzebue leur préfère de grands vilains laquais, qui, pour l'ordinaire, n'ont pas les mains très-propres : cela lui semble plus *ragoûtant*. Chacun a sa manière de voir ; mais félicitons-nous de n'avoir pas la sienne.

que chacun attende patiemment ce que
l'on veut bien lui adresser (1). Le rôti
doit être faisandé, c'est-à-dire qu'il doit
avoir un peu d'odeur. Pendant le premier
service, on offre du vin de Bourgogne,
de Bordeaux et de Champagne. Les entremets composent un service à part.
D'énormes pâtés de Toulouse, de Strasbourg et de Périgueux, occupent le milieu, ils exigent en les découpant une
attention et une adresse particulières ;
ils sont accompagnés de légumes accommodés avec infiniment d'art. Aux deux
extrémités sont des crêmes et des pâtis-
series pour les femmes et les enfans ;
les gourmands de profession (2) ne tou-

------

(1) Faites-vous l'idée d'un repas de cinquante couverts,
dans lequel chaque convive sauterait sur le plat qui lui
conviendrait le mieux.... Le beau coup-d'œil !.... Quelle
confusion !... quel désordre !... mais sur-tout quel désespoir pour vous, M. Kotzebue ! Comment feriez-vous alors
pour goûter de trente-cinq à quarante plats, comme vous
avouez l'avoir fait chez le consul Cambacérès ? Rétractez-
vous donc bien vîte, et convenez que cette partie des
usages français est au moins avantageuse pour les gourmands.

(2) Tels que vous..... monsieur.

chent point à toutes ces bagatelles ; ils finissent ordinairement par le rôti. Je ne dois pas oublier de dire qu'il se fait dans toutes les maisons riches une très-grande consommation de truffes. On en trouve souvent dans des mets où l'on ne les cherche pas ; d'autres fois on en sert sous leur véritable forme.

Maintenant venons au dessert, qui peut, à lui seul, faire la réputation d'un artiste habile ; car pour en composer un qui réunisse la bonté à l'élégance, il faut être à-la-fois peintre, décorateur, fleuriste et scuplteur. On a donné à Paris des fêtes dans lesquelles le dessert seul à coûté 30,000 liv. encore n'offrait-il rien de flatteur que pour les yeux ; les gourmands y trouvaient à peine un morceau de fromage de Rocfort. Les glaces et le café mériteraient une attention particulière ; mais dans les meilleures maisons, le café que j'ai vu servir avait rarement conservé tout son parfum (1) ; aussi

____

(1) Apparemment il n'a pas goûté de café sans ébullition.

préfère-t-on un verre de liqueur de *Lemoine*, qui est la meilleure après celle des îles ; elle laisse dans la bouche, long-temps après l'avoir bue, une odeur suave, aussi agréable, selon moi, que tous les parfums de l'Arabie.

J'ai vanté l'excellence des cuisines particulières de Paris, mais que le lecteur n'imagine pas pour cela que celle des restaurateurs leur soit inférieure en aucune manière. Je ne connais rien de plus agréable que l'ordre établi chez eux. Depuis quatre heures jusqu'à sept, et même plus tard, on trouve les mets les plus délicats tout préparés et prêts à servir. On entre dans un salon, et souvent dans plusieurs, très-élégamment décorés, et ornés de glaces et de colonnes. Les murs sont garnis de jolies petites tables pour une ou deux personnes, et assez rapprochées l'une de l'autre pour que l'on puisse lier conversation avec son voisin si l'on en a la fantaisie. Des garçons proprement vêtus circulent par douzaines dans ces salons. Dès que l'on est entré, et que l'on témoigne l'intention de se placer à une table, un des garçons vous apporte la carte (on appelle ainsi la liste des mets du jour et des différentes espèces de vins, avec le prix de chaque portion), on choisit, et les étrangers qui ne savent pas le français sont servis tout aussi proprement que les autres ; il leur suffit d'indiquer du doigt les mets qu'ils desirent : le garçon part comme un trait, et vous rapporte, au bout de deux minutes, ce que vous avez demandé. S'il arrive que l'on choisisse un plat dont la cuisson ou l'apprêt exige plus de temps, le garçon vous prévient encore, et vous dit combien de minutes il vous faut attendre. Pendant ce temps vous passez en revue la société, ou vous lisez un journal, car il y en a toujours là quelques-uns, ou vous calmez votre appétit avec un autre mets. Au reste, que l'on mange peu ou beaucoup, que l'on boive du bon ou du mauvais vin, que l'on choisisse les mets les plus chers ou ceux qui coûtent le moins, on n'en est pas servi moins proprement et avec moins de politesse. Quand on a fini de manger, on demande la carte payante ; le garçon vole au comptoir, et dit à la maîtresse que le monsieur placé à la table de tel ou tel numéro veut payer. Cette femme, que l'on nomme *limonadière* (1), et que l'on place au comptoir, est très-nécessaire dans les cafés et chez les restaurateurs. Elle est assise sur une espèce de chaise, élevée sur une estrade ; elle a devant elle de l'encre, des plumes et beaucoup de petits morceaux de papier. Dès que quelqu'un arrive, elle lui destine une de ces listes, sur laquelle elle inscrit tout ce qu'il demande, à mesure que le garçon le sert. Je laisse à penser combien de fois, sur-tout chez un restaurateur en réputation, elle est obligée

____

(1) Nous avions cru qu'on n'appelait ainsi que les femmes qui tiennent un café ; mais il plaît à M. Kotzebue de baptiser de la même manière celles qui sont placées dans les salons des restaurateurs. Remercions-le de la peine qu'il veut bien prendre ; car, il faut en convenir, son livre nous instruit de beaucoup de choses que, sans lui, nous aurions ignorées long-temps encore.

de sauter d'un papier à un autre (1).
Alors, quand on demande la carte, elle
n'a plus rien à faire qu'à tirer la somme
et envoyer la note à chaque convive,
qui peut la confronter avec la carte imprimée, pour s'assurer de l'exactitude des
prix. La *limonadière* a devant elle
tout ce qui compose le dessert ; elle
paraît comme retranchée derrière une
ligne d'assiettes couvertes de fruits, de
crêmes, biscuits, etc.

Je recommande à chaque voyageur
de dîner au moins une fois chez *Grignon,*
près le Palais-Royal ; non pas que sa
cuisine soit meilleure que les autres, ou
son nom plus fameux, mais parce qu'il
a deux filles fort jolies, qui sont au comptoir dans chacune des salles, et dont la
modestie est si grande, que je parierais
qu'elles ignorent comment est fait un
seul des convives qui y viennent chaque
jour par centaines ; elles tiennent les yeux
si constamment baissés, que jamais,

---

(1) Voilà une observation profonde !

j'en suis sûr, elles n'ont remarqué les
regards amoureux qu'on jette sur elles,
et cependant elles remplissent leur office
avec toute la grace et la politesse imagi-
nables. On trouve chez *Grignon* beaucoup d'Allemands ; la nourriture y est
bonne, le vin médiocre, et les prix
modérés.

Pour donner au lecteur une idée
exacte du dîner qu'il peut faire chez un
fameux restaurateur, je vais rapporter
sommairement une des cartes de *Véry*,
qui ne passe plus pour le premier du
Palais-Royal, depuis que *Naudet* s'y
est établi. On a d'abord à choisir entre
neuf espèces de potages, qui sont suivis
de sept espèces de pâtés. Ceux qui n'aiment pas la pâtisserie peuvent se régaler
d'huîtres à dix sous la douzaine, car il
y a dans l'antichambre des femmes qui ne
font autre chose que de les ouvrir. Suivent
vingt-cinq espèces de hors-d'œuvres,
presque tous froids ; cependant on y
distingue les pieds de cochon à la Sainte-
Menehould, les saucisses, boudins, an-

douilles, choux-croutes, poissons mari-
nés, etc. ; mais la base du dîner est le
bouilli assaisonné avec vingt sauces différentes, ou le biffteck avec toutes ses va-
riations. Quand on s'est d'abord fait un
fond solide avec une bonne partie de ce
que j'ai cité, on peut choisir dans trente-
une entrées de volailles sauvages ou domestiques, et vingt-huit de veau ou de
mouton ; ce choix est d'autant plus difficile, que l'on ne connaît pas toujours
les termes techniques. Par exemple, qui
pourrait deviner ce que c'est qu'une
mayonnaise de poulet, une *galantine de
volaille*, ou une *épigramme d'agneau*.
Souvent trompé par ces noms bizarres,
il arrive que l'on se fait servir des mets
qui ne remplissent pas l'attente du palais
ni du gosier. Il en est de même du
poisson, dont on compte vingt-huit espèces différentes ; anguilles, morues,
carpes, saumons, esturgeons, brochets,
goujons, cabillauds, merlans, maque-
reaux, perches, moules, turbots, soles,
raies, aloses, éperlans, sont offerts le

même jour à votre appétit et à votre gourmandise. Il faut convenir que les amateurs de poissons ne sont pas mal à Paris.
Le rôti réclame ensuite son tour; il y en
a de quinze espèces, parmi lesquelles se
distinguent le chapon gras de Norman-
die, les poulardes du Mans, les perdrix
rouges ou bartavelles, et les bécasses.
Après le rôti, nous ne devons pas oublier
les entremets, qui, sous quarante-quatre
formes différentes, viennent tenter un
gosier friand. On y trouve tous les légumes de la saison, et même ceux qui
n'en sont pas, car on peut se procurer
en tout temps des asperges et des petits
pois, des œufs accommodés de cent manières, des crêmes, des truffes au vin
de Champagne, du macaroni, des
champignons, des écrevisses, et des
compotes. Je défie le mangeur le plus
intrépide de conserver de l'appétit en
sortant de dîner chez ce restaurateur;
mais s'il restait encore une petite place
dans son estomac, elle serait bientôt
remplie par le choix qu'il pourrait faire

dans trente-un plats de desserts (1).
Pour humecter un tel repas, on peut

---

(1) Au plaisir que notre voyageur paraît avoir éprouvé
chez les restaurateurs de Paris, et à la complaisance avec
laquelle il entre dans les moindres détails, ne semble-t-il
pas voir l'original de cette jolie gravure intitulée *le
Gourmand*, dans laquelle un gros homme, assis à une
grande table, et entouré des mets les plus friands et les
plus recherchés, sourit alternativement à chaque plat, le
regarde avec convoitise, et le dévore..... des yeux seulement, car il ne trouve plus de place dans son estomac ?
En opposition avec ce tableau, qu'on se figure ensuite
M. Kotzebue de retour à Berlin, seul dans son cabinet,
où il s'occupe à composer l'ouvrage immortel dans lequel
il fait part à l'univers de ses observations sur la France ;
qu'on se le représente au milieu des cartes de *Robert*, de
Naudet, de *Véry*, étalées sur son bureau, et sur lesquelles il ne peut plus prendre que des notes : chaque plat
qu'il passe en revue lui rappelle ses jouissances passées ;
son palais délicat cherche vainement à ressaisir l'arrière-
goût des succulentes choses avec lesquelles il a fait connaissance ; il ne lui en reste plus qu'un souvenir vague et
désespérant : car qu'est-ce que le passé pour un gourmand ? Je crois le voir l'œil en arrêt, la bouche béante !
Le supplice de Tantale n'est rien en comparaison du
tourment qu'il éprouve !.... Cette idée me paraît drôle,
et je l'adresse particulièrement aux graveurs. Il me semble
que l'exécution en serait piquante ; du moins elle nous
vengerait gaiement des mensonges grossiers du dramaturge allemand.

choisir entre vingt-deux espèces de vin rouge et dix - sept de blanc; ensuite on peut le terminer avec du vin de liqueur, dont on vous offre une longue liste; mais on ne le sert que dans de petits verres (1). Après le café , on peut choisir dans seize espèces de liqueurs celle qui paraît la plus digne de la préférence.

Ce n'est que chez les premiers restaurateurs que l'on est servi aussi magnifiquement. J'ai dîné souvent chez *Véry* et chez *Naudet*, je ne me suis rien refusé (2), et je n'ai jamais dépensé plus de 10 à 12 livres. Quand on amène un ami avec soi, on a l'avantage de doubler le nombre des mets , en ne demandant qu'une portion pour les deux.

Celui qui est forcé, par la modicité de ses revenus, de chercher une existence moins chère, en trouve encore facilement le moyen à Paris. Il y a un très-grand nombre de restaurateurs chez

____

(1) Et M. Kotzebue aime les grands! Voilà le diable !

(2) C'est bien intéressant pour le lecteur !

lesquels on a pour 40 et même pour
36 sous, la soupe, le bouilli, deux entrées, entremets, du pain à discrétion,
du dessert, et une demi-bouteille de bon
vin ; et l'on a le choix entre quinze à
vingt plats différens. J'en ai essayé deux
ou trois fois, et j'avoue que je ne conçois pas comment on peut être aussi bien
servi pour un prix aussi modique. Je ne
dois pas terminer cet article sans parler
d'un lieu que l'amitié, l'hospitalité, et
la gaieté réunies, m'ont rendu cher à
jamais, et qui ne s'effacera point de ma
mémoire : je veux parler d'un cabaret
nommé le *Rocher de Cancale*. Il s'y
réunit une très-bonne société, parce
qu'on trouve-là les meilleures huîtres de
Paris, que l'on mange à son aise dans
de petits cabinets où l'on peut se renfermer avec sa société, avantage que
l'on trouve chez presque tous les restaurateurs. C'est là que j'ai passé des heures
agréables, avec Duval et Bouilly, dont
les ouvrages sont vus avec plaisir sur
nos théâtres ; avec Arnault, Andrieux,

Picard, et Longchamp ; avec l'intéressant Talma, le facétieux Michot, et
plusieurs autres. C'est dans ce lieu, où
l'horizon n'était obscurci par aucun nuage
politique, que je fus initié dans les mys-
tères du calembourg. Je ne puis omettre
ici la réflexion qui échappa un jour à
l'un des joyeux convives qui assistaient
à nos déjeûners : « Notre réunion est
« peut-être la seule vraiment gaie qui
« existe en ce moment à Paris ! »

L'HABILLEMENT.

Je commence par rapporter un dialogue plaisant que madame de Genlis a
inventé, ou entendu quelque part. Une
ci-devant marchande de paniers et de
vertugadins était assise sur un banc des
Tuileries, à côté d'un tailleur de corps.
La première aborde le dernier et lui dit :

LA MARCHANDE.

Monsieur demeure-t-il dans ce quar-
tier-ci ?

LE TAILLEUR.

Oui, madame. Et vous aussi ?

LA MARCHANDE.

Hélas! j'y étais autrefois très-connue;
je tenais le Cerceau d'or.

LE TAILLEUR.

Cette grosse boutique à main droite,
là où l'on vendait des paniers de femme?

LA MARCHANDE.

Justement. Nous étions là de père en
fils depuis cinquante-six ans; mais la
révolution. . . .

LE TAILLEUR.

Hélas! oui. *Adieu paniers, vendanges
sont faites*. Moi, j'étais tailleur de corps,
et ma femme faisait des bonnets à car-
casse.

LA MARCHANDE (*soupirant*).

Quand on compare le temps passé
avec celui-ci. . . .

LE TAILLEUR.

Quelle différence !

LA MARCHANDE, *regardant une jeune personne
qui passe devant elle.*

Ah! bon Dieu! regardez-moi cette
figure.

LE TAILLEUR.

Cette dame en robe de linon ?

LA MARCHANDE.

Oui; du linon sur la chemise, au mois de mars !

LE TAILLEUR.

Cela se voit aussi dans le mois de janvier.

LA MARCHANDE.

Comme elle est fagotée ! Regardez, je vous prie, comme cette robe lui serre les cuisses.

LE TAILLEUR.

Oui, c'est une culotte.

LA MARCHANDE, *se cachant avec son éventail.*

Fi, l'horreur !

LE TAILLEUR.

Cela se fait ainsi pour dessiner les formes, non pas celles de la taille, mais....

LA MARCHANDE.

Fi donc ! Fi donc !

LE TAILLEUR.

Les enfans même suivent cette mode ridicule. Hier, ma petite fille, âgée de six ans, en jouant avec sa sœur, mit sa jupe et sa chemise par-dessus sa tête; je la grondai, elle me répondit : *Papa, je me drape.*

LA MARCHANDE.

C'est un enfantillage.

LE TAILLEUR.

Oui; mais nos jeunes femmes et nos filles ne sont occupées qu'à singer les Grecques, ou à se draper comme des statues; elles ne veulent plus porter maintenant qu'une simple mousseline bien claire et sans apprêt.

LA MARCHANDE.

Oui, tout ce qui est ferme est passé de mode. Quelle différence! comme les robes étaient jolies autrefois, quand elles se tenaient roides comme du papier! J'ai une tante qui mettait à l'empois les robes des dames de la cour; et maintenant, malgré son grand talent, elle n'a pas de quoi vivre.

LE TAILLEUR.

C'est tout simple, parce qu'avant tout, les vêtemens d'aujourd'hui doivent ressembler à un linge mouillé, afin de coller plus parfaitement sur la peau.

J'espère qu'incessamment elles se mon-
treront en sortant du bain, afin de dessiner encore mieux les formes. Déja elles
se lavent la tête au lieu de la friser, et
certe elles n'en resteront pas là.

LA MARCHANDE.

Oui, oui; la tête emportera le reste.....
Il n'est pas difficile de se jeter dans
l'eau quand on n'a qu'une chemise sur
le corps.

LE TAILLEUR.

Quelle suite cela aura-t-il?... On se
passera de blanchisseuses.

LA MARCHANDE.

Ah! mon Dieu! cela est affreux, épouvantable! J'ai justement deux filles qui
sont blanchisseuses, les voilà ruinées!

LE TAILLEUR.

Et moi donc, j'ai un fils coiffeur.

LA MARCHANDE.

Hélas! on ne porte plus de poudre.

LE TAILLEUR.

Convenez que les choses ne peuvent
pas demeurer ainsi.

LA MARCHANDE.

Mais à quoi pense donc le gouvernement?

LE TAILLEUR.

Dieu le sait ! Mais si l'on ne rétablit pas les paniers et les corsets, les mœurs sont perdues à jamais en France.

LA MARCHANDE.

Cela est évident.

LE TAILLEUR.

Le costume ancien ! le costume ancien ! il avait été imaginé pour retenir un peu les femmes trop passionnées. Quand une jeune personne avait deux grandes poches qui pesaient cinq à six livres, des talons de quatre pouces de haut, un corps bien baleiné et bien dur, qui la serrait comme une cuirasse, quand elle portait un panier de six aunes de tour, une coiffure de deux pieds d'élévation, une robe d'une étoffe bien ferme et bien épaisse, une collerette ou fraise montée sur du fil de laiton, qui lui tenait la tête roide de manière qu'elle ne pût la tourner ni à droite ni à gauche; un bouquet énorme devant la poitrine, des boucles d'oreilles en diamans, larges comme la main : je vous demande si elle pouvait avoir les manières aussi lestes et l'air aussi évaporé qu'aujourd'hui.

LA MARCHANDE.

Certainement; au milieu de tout cela une femme était comme dans une citadelle : la plus légère tenait nécessairement alors les hommes les plus entreprenans à une distance respectueuse.

LE TAILLEUR.

Sans doute. Alors elle craignait de déchirer ses dentelles, de se dépoudrer, ou de chiffonner sa robe; au lieu qu'actuellement.....

LA MARCHANDE.

Oh ! maintenant elles peuvent faire tout ce qui leur plaît; on ne s'en aperçoit pas après. Mais conçoit-on comment des pères, des maris, ont pu permettre que les femmes fussent ainsi déshabillées ?

LE TAILLEUR.

Quant à moi, je n'ai rien à me reprocher ; j'ai prédit la révolution du moment que j'ai vu que les corsets pre-naient la place des corps baleinés.

LA MARCHANDE.

Et moi aussi lorsque l'on rapetissa les paniers.

Cette conversation suffit pour faire sentir tout le ridicule du costume du jour, auquel les yeux du libertin trouvent à la vérité leur compte, mais que le diable lui-même n'eût jamais osé imaginer.

L'habillement que l'on nomme aujourd'hui décent n'aurait pas été permis il y a cent ans aux femmes publiques. Si cela continue (et qu'est-ce qui s'y oppose ?), nos descendans habilleront leurs filles pour rien. On rit aujourd'hui, en songeant que dans un siècle peut-être on ne sera vêtu que d'une feuille de figuier ; et cependant il y a moins de distance entre cette feuille et la chemise transparente d'aujourd'hui, qu'il n'y en avait entre les paniers que l'on portait il y a vingt-cinq ans et le costume actuel. Aussi j'espère qu'avec l'aide de Dieu, nous ne nous arrêterons pas en si beau chemin.

A la vérité, des hypocondriaques croient devoir demander au ciel de rendre la température de nos climats plus douce, afin que nous puissions jouir à l'aise des belles nudités. Moi, je crois que l'on étend beaucoup trop loin les craintes que l'on manifeste sur le tort que les vêtemens actuels peuvent faire à la santé. L'homme et la pomme de terre s'accoutument à tout (1).

J'ai vu le beau sexe de Paris lutter, avec un courage qui tient du prodige, contre l'intempérie des saisons. La santé est à la mode maintenant, les femmes ne se plaignent plus du vent, on n'entend plus parler de vapeurs, les belles se portent le mieux du monde, elles boivent et mangent avec beaucoup d'appétit, la migraine ne dérange plus aucune partie de plaisir, et si l'on se rappelle qu'il y

____

(1) Voilà, j'espère, un rapprochement d'un genre *neuf!*

a vingt ou trente ans on ne pouvait jamais être certain que des maux de nerfs ne vinssent pas déranger les plaisirs de toute une société, on saura gré aux femmes d'aujourd'hui de leur complaisance, et sur-tout de leur santé.

On ne met plus de rouge, la pâleur est plus intéressante. On appelle cela *une figure à la Psyché* (d'après le tableau de Gérard). Les dames ne se servent plus que de blanc, et laissent le rouge aux hommes. Ce jeune Titus qui affecte la plus grande simplicité, qui a banni la poudre, les odeurs, et les vêtemens de soie, a conservé précisément de l'ancien costume ce qui appartenait essentiellement aux femmes ; ce teint vermeil, qui contraste si admirablement avec sa perruque noire, est emprunté.

Après le bain, les dames emploient le savon des sultanes, ou ekmeleck ; l'essence de rose, l'huile antique, et une certaine eau merveilleuse des demoiselles Mathieu, laquelle a l'heureux privilége de rendre la jeunesse aux vieilles et de donner la beauté aux laides. Chaque partie du monde paie son tribut à la toilette ordinaire des Parisiennes : drap anglais, schalls d'Egypte, souliers d'Irlande, sandales romaines, mousselines des Indes, dentelles de Malines, broderies de Lyon, soieries de Turin. On porte les cheveux à la Titus, ou un chignon à la Nina, ou un bonnet au repentir d'Eulalie (1).

Les boucles de cheveux se nomment maintenant *morales, religieuses,* ou *sentimentales.* Les houpes que l'on porte sur le sommet de la tête s'appellent *tempérament,* ce qui fit dire dernièrement à un plaisant : « Nos femmes ont quitté « le sentiment ; elles n'ont plus que du « tempérament (2). »

____

(1) Sans doute c'est de toutes les modes nouvelles celle qui a le plus frappé ce grand observateur, parce qu'elle a doucement remué ses entrailles paternelles, en lui rappelant son plus beau titre à la gloire dont il jouit comme écrivain *moral.*

(2) J'en suis fâché pour le plaisant, quand même ce serait vous, monsieur Kotzebue ; mais ce n'est là qu'une sottise.

Il n'y a que les femmes d'un certain genre qui portent des schalls de casimir et des voiles de dentelle, le reste est abandonné *aux espèces* (1). La grande parure est très-simple, point de fard, point de poudre, les cheveux en désordre, un diadême en brillans, une tunique de dentelle, point de corps, point de paniers, et beaucoup de fleurs.

Voici ce que j'ai remarqué sur le costume de cour. J'ai vu, chez le deuxième consul, madame Talleyrand au milieu de plusieurs dames très-parées; elle portait une robe ronde en velours noir, et faite comme une redingotte de voyage; tout ce que je puis dire, c'est qu'elle était particulièrement distinguée de toutes les autres dames (2).

Il faut à une petite-maîtresse, dit un

---

(1) Ce n'est pas dans la bonne compagnie qu'il a entendu qu'on se servit de semblables expressions.

(2) Il y a encore là-dessous quelque finesse dans le genre de l'auteur; mais ma faible intelligence ne va pas jusqu'à deviner ce qu'il a voulu dire. Au reste, j'oserais parier d'avance que nous n'y perdons rien.

journaliste malin, trois cent soixante-
cinq coiffures par année, autant de
paires de souliers, six cents robes, et
douze chemises (1). Les meubles doivent être grecs, romains, étrusques,
turcs, arabes, chinois, persans, égyp-
tiens, anglais, gothiques, enfin de toutes
les nations, pourvu qu'ils ne soient pas
français (2). Ils doivent coûter 50,000 l.
par année (3), non compris le lit, qui
lui seul doit coûter 20,000 livres. Elle
dépense 30,000 liv. pour ses loges aux

______

(1) Assurément, il n'est pas un Français qui eût poussé
l'impertinence à ce point ; il n'y a qu'un homme sans
politesse, sans goût, sans mœurs ; un homme dépourvu
de tout sentiment des convenances, qui ose se permettro
une semblable grossièreté.

(2) Je ne sais où M. Kotzebue a appris qu'il y eût des
meubles français. Les ouvriers de cette nation s'appliquent
à imiter tout ce que l'on connaît de bien, dans quelque
genre que ce soit et de quelque peuple que cela soit emprunté. Certe, n'en déplaise à cet insipide frondeur, les
meubles que l'on fabrique aujourd'hui à Paris sont pour
le moins aussi solides, aussi commodes, aussi élégans, que
ceux de nos ancêtres. Par exemple, ils sont un peu plus
chers, c'est-là surement ce qui fâche M. Kotzebue.

(3) Il suppose, d'après cela, que les femmes dont il
parle ont 2 ou 300,000 livres de rente.

spectacles et l'insertion de quelques ar-
ticles à sa louange dans les journaux,
mais il ne lui en coûte pas 100 francs
par année pour de bons ouvrages (1)
ou pour de bonnes œuvres (2).

Depuis que les chemises sont passées
de mode (3), un équipage élégant est
devenu une chose de première néces-
sité pour les femmes du jour. Cela
ne s'appelle plus un carrosse : on a le
matin un carrick, le soir une diligence
(ces dernières sont très-basses); on va
le matin à la promenade en tape-cul,
au spectacle en berline, à une fête publique dans un char, chez ses créan-

---

(1) A coup sûr, ceux de M. Kotzebue ne seraient pas du
nombre.

(2) La meilleure réponse que pourraient faire les dames
auxquelles s'adresse cet éloge, serait de se cotiser pour
faire étriller d'importance le faquin qui les traite d'une
manière aussi leste, si jamais il s'avise de reparaître en
France.

(3) C'est passer toute mesure, et je ne connais que des
gestes qui puissent répondre à cela. Il l'a bien senti, car
il s'est mis hors de la portée, et malheureusement nous
n'avons pas le bras assez long; mais cela peut se retrouver.

ciers en demi fortune, chez son mari en dormeuse, et chez son amant en diligence (1). Les dames qui sont assez malheureuses pour ne point posséder d'équipage vont se promener le matin en habit d'amazone, la tête couverte d'une espèce de bonnet à la hussarde (2), et des brodequins aux pieds. Pendant quelque temps il était à la mode de sortir avec un livre à la main. comme si l'on voulait lire sous un arbre.

La fourrure paraît reprendre faveur, même les manchons (3), ce qui contraste singulièrement avec le reste de l'habillement, qui semble entièrement voué aux zéphyrs.

On ne porte plus de ridicules, ce qui augmente encore l'embarras des femmes, qui ne savent que faire de leurs mouchoirs.

(1) Ceci me paraît trop spirituel pour être de M. Kotzebue ; en tout cas, si cette plaisanterie est d'un Français, il est indécent qu'un étranger la répète et la publie.

(2) En voilà la première nouvelle.

(3) Où a-t-il vu cela ? Méttez donc vos lunettes, monsieur l'observateur.

Une mère demandait dernièrement à sa fille : « Pourquoi souffres-tu que « ce gros homme, qui servirait de mo- « dèle à un clocher (1), soit sans cesse « sur tes pas ? Eh ! mais, repartit la « fille, il faut bien que je me mou- « che (2) ». Le monsieur portait son mouchoir.

Malgré le grand nombre de modes, toutes plus ridicules les unes que les autres, qui se succèdent à Paris, il y a cependant un quartier de cette ville où elles sont presque ignorées, je veux parler du *Marais*. C'est là que vivent les personnes qui ne jouissent pas d'une grande aisance. Là règne encore la simplicité et la décence dans l'habillement ; c'est là que sont des demoiselles bonnes

____

(1) Oh ! pour le coup, voilà du Kotzebue tout pur. A la finesse de ce trait on le reconnaît sans peine, et l'on est bien sûr qu'il n'a pas puisé ceci dans un journal français.

(2) La chute est admirable. J'aime à croire qu'en Allemagne, comme en France, il n'y a qu'un même mouvement pour exprimer ce que l'on sent en lisant de pareilles platitudes ; c'est de hausser les épaules.

et modestes que personne n'épouse (1).
Celui dont la fortune diminue se réfu-
gie au Marais ; mais il le quitte aussitôt
que ses affaires deviennent meilleures ;
sur-tout les jeunes gens, qui trouvent là
trop d'ordre et de régularité pour leurs
goûts.

L'habillement des hommes consiste
dans cinq ou six sacs que l'on appelle
veste et *culotte*. Je me rappelle encore le
temps où il fallait deux hommes pour
entrer dans des culottes ; maintenant on
pourrait facilement mettre deux jambes
de chaque côté. On ne porte plus guère
de pantalons, et les redingottes à plusieurs
collets sont abandonnées aux domestiques. Le dernier négligé dans lequel les
élégans paraissent au spectacle consiste
en un chapeau à grands bords, en culotte de velours ou de panne, comme en

---

(1) Encore une impertinence ! Vous vous trompez,
monsieur ; on les épouse, on les recherche même, mais
on ne les donne qu'à des hommes honnêtes, délicats, bien
élevés ; et certe, à ces titres-là, il n'est pas un père qui
voulût vous donner la sienne.

portaient autrefois les montagnards et les chaudronniers (1); en bottes à la Suwarow, avec des revers jaunes; un habit bien serré, pour mieux dessiner la taille, et des gilets à volonté. Ainsi l'un est en paillasse, l'autre en fiacre, celui-ci en postillon, celui-là en jockey, et pour me servir de l'expression de Schlégel, chacun de ces messieurs se trouve en lui-même (2).

Les élégans se divisent en deux classes; l'une, celle dont je viens de décrire l'habillement, brille le matin dans les déjeûners à la fourchette, les dîners au bois de Boulogne, et le soir

---

(1) Toujours quelque chose d'aimable à dire !

(2) On conviendra qu'il est impossible de pousser plus loin l'impertinence, et j'aime à croire que l'auteur de pareilles invectives paraît tout aussi méprisable à Vienne, à Berlin, à Pétersbourg, dans toute l'Allemagne, qu'aux Français trop crédules qui ont eu la faiblesse de l'accueillir. Au reste, si jamais M. Kotzebue revient ici, nos jeunes gens lui prouveront que sous ces habits ridicules ils portent un cœur français, et qu'ils savent châtier comme il le mérite un impudent étranger qui trahit aussi lâchement les devoirs de l'hospitalité.

dans les boudoirs. L'autre, qui porte un habit noir, des bas blancs, une bourse et une épée, se fait remarquer dans les grands dîners, les bals, les *thés*, et dans les salons de compagnie.

Les hommes, pour composer leurs modes, empruntent aussi quelque chose à tous les pays du monde : de la toile de Hollande, un chapeau à la prussienne, des bottes russes, et des gilets anglais. On porte maintenant aux redingottes des poches placées sur la poitrine, et que l'on appelle *ridicules*, parce que l'on y met le mouchoir et la lorgnette des dames. Les queues tiennent au collet, et non à la tête ; en sorte que quand un jeune homme se baisse, on voit une lacune entre son habit et ses cheveux. Une occupation essentielle de la jeunesse des deux sexes est de relever les cheveux sur le sommet de la tête, à-peu-près comme les chats et les écureuils se caressent le museau avec la patte (1).

____

(1) Vraiment cet homme-là a un talent *unique* pour

Quelque peu importante que soit une pareille coiffure, cependant les perruquiers sont restés une classe essentielle dans l'état : tous les coiffeurs sont maintenant des *artistes;* ils étalent devant leur boutique des bustes en cire dont les figures d'hommes sont presque toutes calquées sur celle de Bonaparte. Un artiste de ce genre qui paraît chez vous pour la première fois, vous prie de regarder au ciel, puis à terre, ensuite en face; enfin il vous fait tousser, moucher, cracher, etc. « Monsieur, dit-il « alors, cela suffit : je sais maintenant « ce qu'il vous faut ; un milieu entre « Titus, Caracalla et Alcibiade. »

(Ici, un entretien plat et insipide que M. Kotzebue suppose avoir lieu entre le coiffeur et la personne qui se fait coiffer.)

C'est assez; je finis par une règle générale, si elle est encore en vigueur

les comparaisons. Je voudrais bien savoir s'il s'est avisé d'en *lâcher* quelques-unes de cette force-là dans les sociétés où il a été admis.

13.

aujourd'hui. Celui qui veut passer pour un élégant à Paris, doit être frisé par Armand, habillé par Catel, culotté par Henry, et chaussé par Asthley. Celui qui ne se plaît point à toutes ces extravagances peut aussi s'habiller comme il le veut, et aller où bon lui semble, personne n'y fera attention. En uniforme on passe par-tout. Presque tout le monde a un uniforme civil, brodé en or ou en argent. Celui de l'institut se distingue par son goût et sa simplicité; il est vert, brodé avec une guirlande de lauriers.

TENTATIVES POUR LE MARIAGE.

Il ne se passe pas une semaine à Paris; où l'on ne trouve quelque proposition de mariage dans les feuilles publiques. On ne sait pas toujours ce qu'il en résulte; cependant il est à parier que cela réussit souvent : sans cela on ne ferait pas un usage aussi fréquent de ce moyen.

Au reste, je vais citer quelques exemples qui ne seront pas sans intérêt pour l'observateur impartial.

« Un célibataire de quarante ans,
« versé dans la littérature, d'une société
« aimable, de mœurs douces, de bonne
« famille, et assez riche; cherche une
« femme ou veuve sans enfans, de vingt-
« six à trente-quatre ans, bien élevée,
« sensible, et dans l'aisance, pour s'unir
« à elle, et couler ensemble des jours heu-
« reux ». Ce mot *unir* veut-il dire se marier ? Je ne le crois pas. D'un autre côté, pourquoi exiger que la personne soit de bonne famille ?

« Un homme de trente-huit ans, par-
« faitement libre, aisé, etc.; desire trou-
« ver une femme qui ait un peu de bien,
« et veuille faire société avec lui ». Le mot *marier* est encore évité.

« Un veuf de soixante ans, sans en-
« fans, et de bonne santé, ayant 1400 f.
« de rente, habitant depuis dix ans un
« joli appartement près des Tuileries;
« cherche une dame d'un âge conve-
« nable, d'un caractère doux, et avec

« quelques moyens; pour lui faire des
« propositions qui pourront lui convenir,
« ou pour entendre les siennes ». Ce vieux
libertin se garde bien aussi de parler
mariage; seulement il établit comme condition expresse que la personne ne soit
pas pauvre. Du reste il est à remarquer
qu'il met un prix à ce que sa demeure
est près des Tuileries : cela est apparemment très-engageant pour une Française.

« Une jeune veuve, intéressante sous
« tous les rapports, tant pour le carac-
« tère que pour le physique, bien éle-
« vée, mais ayant perdu sa fortune,
« desire trouver une personne seule, à
« qui sa compagnie soit agréable. »

Par cette personne seule, on entend
un homme, cela se devine assez par
l'éloge qu'on fait de la figure, ce qui
serait au moins indifférent auprès d'une
dame.

« Une demoiselle de trente ans, bien
« née, ayant 1600 francs et un joli mo-
« bilier, desire s'unir légitimement avec

« un homme de trente-six à quarante-
« cinq ans, qui ait de bonnes mœurs,
« une place dans un bureau, ou quelque
« chose par devers lui. »

Enfin, voilà quelqu'un qui veut *s'u-nir légitimement.* Mais, dans ce cas, le mot *légitimement* devrait précéder le verbe *unir,* pour mieux indiquer la légitimité ; s'il suit, au contraire, il est évident que tout le reste n'est mis là que pour prononcer le mot *unir,* qu'on ne pourrait pas y placer crument ; et qu'il n'y a dans tout cela aucune intention de mariage (1). Ainsi l'on voit par cet exemple comment en France une fille qui a 1600 fr. et un joli mobilier peut faire valoir son petit bien, quand elle convient d'avoir trente ans, et de suite, jusqu'à ce qu'elle en ait quarante.

« Un homme de soixante-trois ans,
« bien portant, veuf, sans enfans, etc. ;

---

(1) Je ne vois rien là qui ne soit parfaitement exact et décent ; on ne peut pas dire se *légitimement unir :* M. Kotzebue devrait le savoir, puisqu'il se permet des discussions grammaticales.

« voudrait faire la connaissance d'une
« dame pourvue de toutes les qualités
« que l'on desire ordinairement, pour
« lui proposer *peut-être* sa main, quand
« il aura eu le temps de la connaître,
« et que leurs qualités morales pourront
« leur faire espérer de vivre heureux
« ensemble ; ou, si elle l'aime mieux,
« pour confondre leurs intérêts, sans
« autre lien que celui de l'amitié, à la-
« quelle il promet de son côté d'être
« parfaitement fidèle. »

J'ai lu un jour, dans une gazette, la demande que faisait un ci-devant avocat au parlement, d'une femme pour son neveu, jeune et riche; mais il se montrait par trop difficile. Elle devait être jeune, jolie, aimable, bien née; n'avoir que dix-huit ans, et par dessus tout cela 25 à 30,000 francs comptant. Elle était priée d'accorder un rendez-vous, afin que les deux parties pussent se voir et *se mettre à l'épreuve* (1).

______

(1) Petit badin, vouz brodez ! je parie que vous n'avez pas lu cela.

Je conclus de ces exemples, dont je pourrais citer un plus grand nombre, que l'on rencontre rarement chez les Parisiens les qualités nécessaires pour se marier ou s'unir (1); car il est à présumer qu'on ne cherche ainsi au dehors qu'après s'être assuré qu'on ne trouvera pas ce qu'on desire dans le cercle de ses connaissances. Au reste, il n'y a guère que de vieux célibataires ou des gens âgés qui se servent de ce moyen.

Je voudrais pouvoir dire au lecteur de quelle manière finissent ces unions proposées ou acceptées, mais c'est ce que ces messieurs et ces dames ne font pas insérer dans les journaux.

DES FILLES DE JOIE,

et de tout ce qui s'ensuit.

Le nombre de filles publiques paraît s'être considérablement accru depuis la révolution; à la vérité elles n'osent plus

---

(1) Votre conclusion n'a pas le sens commun.

faire leur commerce que la nuit ; celles même qui habitent le Palais-Royal ne quittent pas leur demeure avant le coucher du soleil, pour folâtrer sous les arcades ; mais en revanche on en rencontre par-tout qni étalent leurs appas presque nus, avec une profusion extra-ordinaire, et par tous les temps possibles. Il est inconcevable que ces pauvres filles puissent demeurer huit jours en bonne santé ; elles n'ont absolument rien sur le corps qu'une robe blanche très-fine et parfaitement collante : vrai-semblablement elles n'ont pas de chemise ; car elle se ferait au moins deviner par un pli, attendu qu'elles tiennent toutes leur robe par derrière, et qu'elles la serrent contre les cuisses, de manière à ne rien laisser perdre de leurs formes. Si l'on considère que ces mêmes robes descendent jusqu'au nombril, et ne vont qu'au-dessous du mollet, on aura peine à croire que ces malheureuses puissent demeurer dans cet état au mois de décembre, pendant six heures et plus.

A la vérité elles ont, sous les arcades du Palais-Royal, la facilité de se promener à pied sec, et à l'abri du mauvais temps; mais dans les rues elles bravent avec intrépidité la pluie et la grêle, quand elles pensent qu'il est de leur intérêt d'y rester, et qu'elles présument le temps favorable à la recette.

Il faut que le coin de la rue Vivienne et de celle des Petits-Champs soit un bon poste pour le gibier, car je ne suis jamais sorti le soir du Palais-Royal sans en trouver là un troupeau : un jour j'en ai compté jusques à quatorze à cette place. Il pleuvait à verse; la rue était sale et crottée; mais elles n'y faisaient pas la moindre attention. Cependant j'ai cru remarquer qu'elles sont moins importunes, moins hardies, qu'il y a treize ans; elles n'attaquent les passans que dans les endroits obscurs; par-tout où brille la clarté des réverbères elles se contentent de se présenter. Sur les quatorze, une seule osa s'accrocher un moment à mon bras, et me pria de la

prendre sous ma pelisse, parce qu'elle
avait bien froid, ce que je crus sans
peine; mais elle me lâcha aussi-tôt que
je lui eus reparti sèchement : *Non, mademoiselle.* La seule chose qu'elles se
permettent en pareil cas, c'est de vous
répondre d'un air moqueur : *Ah, vous
êtes cruel !* Il y a treize ans, je les ai vues
entourer un passant, le cerner à trois
ou quatre, et le retenir pendant plusieurs
minutes, malgré sa résistance; aussi se
permettait-on de les renvoyer avec plus
de dureté. Aujourd'hui c'est différent;
je ne conseillerais à personne de mal-
traiter cette classe de *citoyennes*, elles
appellent la garde, qui accourt aussitôt,
et qui les protège, comme il paraît
qu'elle en a reçu l'ordre (1).

Je fus témoin de pareille chose dans

---

(1) Ceci est de toute fausseté; bien loin de les protéger,
la police les fait poursuivre d'une manière très-active.
On leur donne la chasse, tantôt dans un quartier, tantôt
dans un autre, et chaque fois on en ramasse une quantité
prodigieuse; qui sert à peupler les hôpitaux et les ateliers
de filature et de couture.

la rue Vivienne. Un jeune homme, as-
sailli par toutes ces femmes, qui étaient
d'accord pour l'accuser, fut emmené par
les soldats de la police; il eut beau pro-
tester de son innocence, il fut contraint
de céder à la pluralité des voix. Au
reste, sur cent de ces femmes, à peine
en ai-je vu deux qui fussent jolies (1).
Avant la révolution, presque toutes, au
contraire, étaient d'une figure agréable,
fine, et jouant à merveille la modestie;
maintenant elles ont l'air commun, et
sont de la dernière impudence.

Il y a aujourd'hui parmi ces filles
beaucoup de négresses, qui font tort aux
Parisiennes : cette tête qui sort d'un
ajustement blanc paraît absolument une
mouche sur un pot de lait (2). Cepen-

---

(1) Apparemment M. Kotzebue n'avait pas mis ses
lunettes ; car il est malheureusemens trop vrai que ces
viles prostituées ont en général une tournure élégante et
une figure très-agréable, premières qualités requises pour
le métier qu'elles exercent.

(2) Au voleur ! Il a surement entendu dire cela sur
le marché des Innocens.

dant, si je ne me trompe, elles ont encore conservé un reste de modestie ; elles circulent avec timidité et sans bruit, tandis que leurs compagnes blanches étourdissent les passans de leur babil et de leurs ris immodérés ; peut-être cela vient-il de ce qu'elles rencontrent peu d'amateurs de leurs charmes noirs.

Ce qui m'a le plus indigné, c'est la grande jeunesse de ces malheureuses ; les plus âgées d'entre elles ont à peine dix-huit ans, et les plus jeunes . . . . ô Dieu ! . . . Je rencontrai un soir dans le jardin du Palais-Royal une fille de douze ans environ ; ce joli enfant marchait les yeux baissés, et j'étais loin de la croire dans la classe des prostituées ; mais une grosse femme âgée, qui marchait à dix pas derrière elle, m'arrêta, et me la montra du doigt, en me disant : « Mon-« sieur, voilà une petite débutante ». J'eus peine à me contenir et à ne pas lui cracher à la figure.

Celles de ces filles qui sont un peu plus relevées se montrent comme autre-

fois dans les loges du théâtre Montan-
sier. Ces loges sont très-bien payées par
elles; mais on n'en voit jamais deux
dans la même ; et selon qu'elles paient
plus ou moins généreusement l'ouvreuse,
celle-ci leur amène des benéts et des
étrangers avides de voluptés (1). Dans
les entr'actes, celles qui n'ont pas été
employées de la soirée, se promènent
dans une belle salle que l'on nomme
foyer, où chacun les examine et les
marchande à son aise (2).

Pendant mon séjour a Paris, je vis
s'élever, un soir, entre deux de ces belles,
une querelle très-vive, qui finit par des
robes déchirées et mises en lambeaux.
Ce scandale, dont tout Paris a parlé
pendant un jour entier, a déterminé la
police à prohiber , dans l'intérieur du
foyer, l'exposition de ces marchandises ;

----

(1) Il n'y a pas un mot de vrai dans tout cela, à moins
que M. Kotzebue ne soit un de ces benéts dont il parle.

(2) A l'époque où M. Kotzebue est venu à Paris, on
avait déja donné des ordres pour que l'entrée du foyer
leur fût interdite , et l'on n'y en voyait pas une seule.

mais cette défense n'eut son effet que pendant quelques jours.

Les filles publiques demeurent presque toutes au Palais-Royal, dans les entresols du premier étage, où on les voit pendant toute la journée, jouer et chanter par la croisée, sans que personne les en empêche. C'est là le vrai chant des sirènes. On sait que le Palais-Royal est divisé en un grand nombre de maisons à arcades, dont une m'a semblé particulièrement remarquable, parce que tout le roman d'un libertin peut y être joué en peu de temps et sans en sortir. Au troisième est une maison de prêt, où le débauché peut remplir sa bourse au moyen de bons nantissemens; à l'étage au-dessous, est une maison de jeu, où on lui reprend son argent : après cela il ne lui faut descendre que la moitié d'un escalier pour perdre sa santé chez une fille de joie; en sortant de là, le désespoir l'accompagne jusqu'à la boutique du rez-de-chaussée, dans laquelle il trouve à choisir entre un poignard ou des pistolets; c'est là qu'il emploie le peu qui lui reste pour acheter de quoi se brûler la cervelle. Il faut convenir qu'il est impossible de mettre mieux la vie et la mort à la disposition d'un mauvais sujet.

D'un autre côté, on trouve à Paris, plus que par-tout ailleurs, un très-grand nombre de médecins et de chirurgiens qui travaillent à arrêter les progrès du poison de la volupté, et qui offrent à bon marché leurs services aux passans, par le moyen de cartes et d'adresses qu'ils font distribuer dans les carrefours, sur les ponts, et dans les passages les plus fréquentés. On ne peut entrer au Palais-Royal sans être aussitôt environné par des femmes qui possèdent un talent particulier pour vous mettre ces cartes dans la main, que vous la teniez ouverte ou non. Leur agilité est si étonnante, que quand vous courbez le premier doigt pour vous opposer à ce qu'elles veulent faire, les trois autres tiennent déja le papier. Les restaurateurs, tailleurs, cordonniers, enfin tous ceux qui veulent se faire connaître, ou qui ne veulent pas être oubliés, emploient ce moyen. Mais sur dix de ces adresses, il y en a neuf au moins qui ont rapport à l'objet dont j'ai parlé plus haut.

L'un , nommé *Chamberge*, a un cabinet de consultations ; il vante son caractère, ses talens, sa moralité, et se dit incapable de tromper le public et de faire des victimes des personnes qui lui accorderont leur confiance ; il promet de guérir le mal avec des simples, sans tisanne, et plus vîte que l'on ne le fait ordinairement. Un autre , nommé *Neuville*, guérit les maladies les plus graves en douze jours, et si elles sont invétérées, en vingt ou vingt-cinq jours au plus ; ses remèdes sont à bon marché, en petit volume ; on peut les employer secrètement, vaquer à ses affaires, et voyager par terre et par mer. Il ne se sert pas non plus de tisanne, pour laquelle les Parisiens paraissent avoir une grande antipathie. Un troisième, *Lam-*

bon, a la bonté de prémunir le public contre les charlatans ; il n'emploie aucun de ces moyens répercussifs qui ne font que blanchir le mal, et produisent les suites les plus désastreuses ; il suit au contraire la méthode des plus fameux médecins. Un quatrième, *Guillemain*, promet de traiter le malade selon les règles de l'art, sans dire comment. Un cinquième, *Martinon*, n'exige de paiement qu'après parfaite guérison, et traite gratuitement ceux qui sont pourvus d'un certificat d'indigence, délivré par la municipalité. Il s'engage à guérir les personnes de tout sexe *sans les voir*, et sur la simple indication de leur maladie. Un sixième, *Sigon*, se vante d'avoir écrit un ouvrage sur ce sujet. Un septième, *Claude*, recommande ses pastilles fondantes, comme le purgatif le plus efficace. Un huitième, *Ducluzeau*, exerce depuis vingt-cinq ans, et a fait des cures merveilleuses et sans nombre.

Je n'ajouterai pas d'autres exemples pour prouver au lecteur qu'un homme qui conserve la moitié de sa santé en sortant des bras de la volupté, ne peut échapper à ces faux Esculapes qui l'attendent à tous les coins de rues pour lui enlever l'autre moitié.

Je veux, à cet effet, donner à tous les parens qui envoient leurs enfans à Paris, et aux gouverneurs qui sont chargés de les y conduire, un conseil dont l'exécution n'est pas difficile : c'est de faire visiter aux jeunes gens, le jour même de leur arrivée à Paris, le cabinet physique et pathologique du professeur *Bertrand*, établi aussi au Palais-Royal, n° 23, près le café de Foi. Là on voit, imités en cire, tous les accidens funestes qui résultent du libertinage ; ils y sont représentés avec une vérité effrayante. Si un jeune homme, en sortant de voir ces différens tableaux de la misère humaine peut encore entrer sous les arcades du Palais-Royal, tout espoir de le corriger est perdu ; il était entièrement corrompu avant de venir à Paris. Chaque partie du corps, attaquée de ce mal

terrible, y est représentée avec toutes
ses progressions et avec un art merveilleux. A l'extrémité de cette effrayante
galerie, on voit un jeune homme de
grandeur naturelle, couché sur son lit
de mort, et dont les traits défigurés et les
yeux éteints expriment à-la-fois la douleur, la honte, le repentir et le désespoir. Il me semble que le brave *Bertrand*
a bien mérité du gouvernement une
place dans la légion d'honneur. Reste à
savoir si l'impression que produit sur
un jeune homme la vue de ce cabinet
peut être de longue duré; le vice est
plus fort que la vertu, en ce qu'il offre
la jouissance, tandis que l'autre ne promet que l'espérance. Cependant j'aime
à croire que la vue de ce musée a éloigné plus d'un jeune homme du préci-
pice, au moment même où il allait s'y
plonger.

Le local est admirablement choisi;
des deux côtés demeurent des filles de
joie. Outre les objets ci-dessus mentionnés, on y trouve aussi des imita-

tions parfaites de toutes les parties du corps humain ; des enfans depuis le premier jusqu'au dernier mois de la grossesse ; des fœtus, des hermaphrodites, des femmes en couche, des exemples de l'opération césarienne, des excroissances de toute espèce, des polypes ; on y voit les effets de la petite vérole, de la vaccine, de la peste, de la gangrène, de toutes les maladies de femme ; toute la construction intérieure de l'homme, de la tête coupée horizontalement et perpendiculairement, des amputations de toute espèce, etc. Bref, il est impossible de voir pour trente sous une plus grande quantité d'objets instructifs. Cependant, je dois convenir avec peine que ce spectacle ne convient pas aux personnes qui ont les nerfs délicats.

Ce qui me reste à dire maintenant pourra paraître incroyable à bien des gens, et je ne le répéterais pas si je n'avais à citer un témoin irrécusable. Les médecins allemands qui viennent à Paris sont, en y arrivant, beaucoup trop modestes et trop délicats ; ils y apportent une sorte de pudeur, et se croient obligés de parler avec mystère et en particulier aux jeunes gens qui leur sont confiés pour les guérir des maladies vénériennes; mais ils peuvent déposer cette espèce de honte, car on parle librement à Paris, devant les demoiselles, des plus secrètes particularités du mal vénérien, et de toutes les circonstances qui y ont donné lieu. On dit que dès la première vue, la plus innocente peut décider de quelle sorte de maladie est atteint l'homme qui se présente. Elles se moquent de lui, et disent, en riant : *Il s'est brûlé* (1).

---

(1) Quelle épouvantable calomnie ! Quels lieux cet homme a-t-il donc visités pendant son séjour à Paris, pour y avoir recueilli les ordures dont il a sali sa mémoire ? A coup sûr, ce ne peuvent être que les antres les plus infects du Palais-Royal.

S'il était possible de supposer que les étrangers daignassent accorder quelque confiance aux observations et aux jugemens d'un être aussi complètement démoralisé, quelle idée ce chapitre donnerait-il donc à ceux qui ne connaissent ni Paris ni la France, de nos mœurs, et de la vertu de nos femmes et de nos filles ?

Homme ingrat et pervers ! voilà donc la récompense de

O sainte pudeur ! tu as bien, par-ci

l'hospitalité que nous avons exercée envers vous, de l'empressement et du zèle que nos littérateurs et nos artistes les plus distingués ont mis à vous recevoir, à vous accueillir, à vous fêter ; de l'indulgente bonté que nos premiers magistrats vous ont témoignée, et de la générosité avec laquelle nous avons oublié vos anciens torts envers la France !

Ainsi, dans le moment même où une épouse vertueuse vous faisait avec grace les honneurs de sa maison ; lorsque sa jeune fille, simple et modeste, s'avançait vers vous d'un air timide, et qu'avec les yeux baissés, la candeur sur les lèvres, la rougeur sur le front, elle vous présentait un siége, vous offrait un fruit, une fleur, ou vous adressait un compliment aussi naïf, aussi pur que son ame ; vous méditiez le déshonneur de l'une et de l'autre, et vous composiez déja dans la pensée le chapitre infâme qui devait les peindre à l'Europe comme de viles prostituées !

Dites-nous donc dans quelle maison honnête, dans quelle société, fût-ce même celle du plus pauvre artisan, vous avez recueilli les observations que vous transmettez si complaisamment à vos compatriotes et à l'Allemagne entière ? *On vous a dit !..... Un témoin irrécusable !....* Et c'est sur de pareils renseignemens, sur une assertion aussi vague, que vous osez publier des faits qui, s'ils étaient vrais, imprimeraient sur nos familles une tache ineffaçable !!! Si l'on me disait : M. Kotzebue est un homme profondément vicieux, qui, sous les dehors affectés de la candeur et de la vertu, qu'il déploie dans ses écrits, cache une ame basse, vénale et corrompue ; un mauvais sujet, qui s'est fait chasser de toutes les maisons

par-là, quelques chapelles éparses dans

où il a été reçu, de tous les pays qu'il a parcourus; je ne le croirais pas, parce que, lorsqu'on porte un cœur franc et loyal, on doit douter du mal jusqu'à ce qu'on en ait sous les yeux des preuves irrécusables. Mais après avoir lu les mensonges et les calomnies répandus dans cet ouvrage, il n'est plus permis de douter que M. Kotzebue ne soit en effet le plus perfide et le plus méprisable des hommes.

Répondez, écrivain *moral* par excellence; que penseriez-vous d'un étranger qui, reçu par vous comme un frère, admis dans votre intimité, comblé de vos bienfaits, trahirait ensuite lâchement les convenances sociales, les lois de l'hospitalité, le droit des gens, en distillant le fiel et le poison sur votre épouse, vos enfans, vos parentes, vos amies, enfin sur tout un sexe aimable et faible, auquel (si nous en croyons vos plaintes et vos doléances, tout aussi peu sincères que le reste de vos écrits) vous avez dû les seuls instans de bonheur que vous ayez jamais goûtés? Ne vous croiriez-vous pas en droit d'accuser hautement cet homme déloyal, et d'invoquer contre lui la vengeance des lois? A défaut de moyens repressifs, ne le dénonceriez-vous pas, à l'opinion publique et à tous les gouvernemens, comme un écrivain dangereux, un libelliste échoué, d'accord avec les ennemis de votre pays, écrivant sous leur dictée, et payé par eux peut-être pour diffamer un peuple qu'ils ne peuvent vaincre par les armes? Et n'attacheriez-vous pas dès-lors, d'une manière ineffaçable, le sceau de l'opprobre et de l'infamie sur le front déshonoré de ce vil calomniateur?... Oui, vous le feriez, ou vous devriez le faire... Eh bien, nous le faisons pour vous.

Tome I.   14.

Paris; mais tu n'y as pas un seul temple (1).

---

(1) Conclusion digne de l'exorde , du chapitre, et de
l'auteur !

Fin du premier volume.

Fin de la Table du premier Volume.